GÜNTER POLL

DAOISMUS – Harmonie als Lebensprinzip

spirit RAINBOW Verlag

GÜNTER POLL ist Anwalt für Medienrecht und studierte Anfang der 1970er Jahre auch Sinologie und Soziologie in München. 1975 reiste er zum ersten Mal nach China und beschäftigt sich seitdem intensiv mit der Sprache und Kultur des Landes, deren wichtigstes und grundlegendes Element das daoistische Denken ist. 2016 verbrachte er einige Zeit in dem berühmten daoistischen Kloster Wudan Shan in Zentralchina.

Günter Poll

DAOISMUS – Harmonie als Lebensprinzip

spirit RAINBOW Verlag

Spirit Rainbow Verlag

IMPRESSUM

1. Auflage 2021

www.spirit-rainbow-verlag.de

Printed in Germany

Gestaltung, Druck und Vertrieb:
Druck- & Verlagshaus Mainz
Süsterfeldstraße 83
52072 Aachen

www.verlag-mainz.de

Bildnachweis (vordere Umschlagsseite): D. Betcher

ISBN-10: 3-948108-43-9
ISBN-13: 978-3-948108-43-4

Inhalt

»Wir sind – fast ohne es zu merken – in einem neuen Weltbild angekommen. Wir lernen aus dem Sterben der Natur für das Leben. [...] Die Verwandtschaft zu allem Leben und zu der Materie, aus der es hervorgeht, ist spürbar wie nie. Laden wir die Lebendigkeit der Natur ein, erfüllt sie uns. Verdrängen wir sie, gehen wir mit ihr unter. Unser Schicksal ist an das aller Wesen gekettet. [...] Beginnen wir mit der Arbeit an unserer Beziehung zur Lebendigkeit.«

Der SPIEGEL Nr. 13 vom 21.03.2020, Seite 39.

Einleitung

Das traditionelle Weltbild ist brüchig geworden. Die Vorstellung, dass die Natur nur die Kulisse für menschliches Handeln ist und es hinnehmen muss, dass der Mensch sie ausbeutet (»Macht euch die Erde untertan«, wie es in der Bibel heißt), war zwar immer schon anmaßend, ist aber lange Zeit als normal, gewissermaßen naturgegeben angesehen worden. Der Klimawandel belehrt uns jedoch derzeit eines Besseren. Immer mehr Menschen kommen zu der Einsicht, dass ihr Leben viel enger mit der Natur verbunden ist, als ihnen bisher bewusst war.

Vor rund 2.500 Jahren entwickelte sich in China eine Denkrichtung, der Daoismus, die in fundamentalem Gegensatz zu westlichen Vorstellungen steht, was die Natur und das Verhältnis zwischen Mensch und Natur betrifft. Eine tiefe Bewunderung für die Natur (»*Sie strengt sich nicht an, aber ist trotzdem immer vollkommen*«), verband sich mit den existenziellen Grundfragen nach dem Sinn des Lebens und der Rolle des Einzelnen in der Gesellschaft und führte zu der Einsicht, dass nur ein selbstbestimmtes Leben im Einklang mit der Natur der Weg ist, der zum Ziel innerer und äußerer Harmonie führt.

Da es in der Natur keine Unterscheidung zwischen »richtig« oder »falsch« gibt, ebenso wenig wie zwischen »gut« oder »schlecht« usw. und jeder Eingriff in die durch den Wechsel der Jahres- und Tageszeiten bedingten natürlichen Abläufe negative Folgen hat, waren die Begründer der daoistischen Lehre im 5./4. Jahrhundert vor unserer Zeitrechnung der Auffassung, dass strenge Unterscheidungen zwischen »richtig« und »falsch«, »gut« und »schlecht« usw. unnatürlich sind und die Erreichung dieses Ziels erschweren. Sie lehrten daher, dass die beiden Pole (YIN und YANG), die nicht nur in der Natur, sondern überall sichtbar oder spürbar sind, wie die zwei Pole eines Magneten miteinander verbunden sind und sich ergänzen. Der Mensch tut gut daran, dies, d.h. die Wechselseitigkeit aller Phänomene, die »Einheit in der Vielheit« zu beachten und das Gleichgewicht in der Natur nicht zu stören.

Ansätze zu diesem Denken gab es zwar – ungefähr gleichzeitig – auch bei den griechischen Vorsokratikern (Heraklit). Seine Einsicht, dass alle Dinge sich ständig verändern (*Panta rei* = Alles fließt), aber auch die Vorstellung von der verborgenen Einheit von Gegensätzen entspricht in erstaunlicher Weise der daoistischen Lehre, ist aber später in Vergessenheit geraten und hat in der westlichen Philosophie keine Spuren hinterlassen, während der Daoismus über die Jahrhunderte zur Seele Chinas geworden ist und das Denken und Handeln der Chinesen bis heute in vielerlei Hinsicht bestimmt.

I.

Der Daoismus wird im Westen meistens als eine Religion oder esoterische Quasi-Religion verstanden. Das ist zwar insofern richtig, als es in China seit Jahrhunderten daoistische Klöster gibt, in denen eine Vielzahl daoistischer Heiliger verehrt werden. Mit dem wesentlich älteren, auf Laozi und Zhuangzi[1] (5./4. Jahrhundert vor Christus) zurückgehenden philosophischen Daoismus (*Dao jia*) hat diese bis heute in China lebendige Volksreligion mit ihrer Mischung aus Aberglauben, Magie und Heiligenverehrung aber nur wenig zu tun, auch wenn es natürlich gemeinsame Schnittmengen und gegenseitige Einflüsse gibt. Wenn im Folgenden von Daoismus die Rede ist, ist daher nicht Letztere, sondern die Lehre von der universellen dynamischen Harmonie gemeint, die bis heute das chinesische Denken prägt.

Auch mit der anderen, das chinesische Denken dominierenden Denkrichtung, dem Konfuzianismus (*Ru jia*), der etwa aus der gleichen Zeit stammt, hat der philosophische Daoismus nur wenig zu tun. Es gibt zwar zahlreiche Parallelen und Überschneidungen zwischen beiden Denkschulen, aber ihre Kernbotschaften sind nicht nur vollkommen unterschiedlich, sondern stehen in deutlichem Gegensatz zueinander: Der Konfu-

1 Die biographischen Daten von Laozi und Zhuangzi sind nicht genau (Z.) bzw. überhaupt nicht (L.) bekannt und teilweise wird bestritten, dass es sich bei L. um eine historische Persönlichkeit gehandelt hat. Auch die Frage, ob und inwieweit sie die hier behandelten Werke eigenhändig verfasst oder lediglich ältere Quellen genutzt, d.h. Vorbestehendes kompiliert haben, ist bis heute ungeklärt (bei L. spricht vieles für die zweite Alternative).

zianismus repräsentiert die pragmatische, nüchtern-vernünftige und auf die Gemeinschaft bezogene Seite des chinesischen Denkens. Die Konfuzianer predigen die Anpassung an die bestehende Ordnung und die Unterordnung unter Autoritäten und Regeln als Voraussetzung für persönlichen Erfolg, sozialen Aufstieg und gesellschaftliche Stabilität. Es geht also um ein konservativ-konformistisches Ideal, in dem das Kollektiv wichtiger ist als der einzelne Mensch.

Demgegenüber unterstützt der Daoismus eine individualistische Lebensweise, indem er das Schöpferische, Intuitive, Spontane betont. Er lehrt, dass jeder Mensch ein Leben im Einklang mit den Gesetzen der Natur und ohne in das Geschehen einzugreifen, führen soll, um so einen Zustand allumfassender Harmonie zu erreichen. Die gesellschaftliche Ordnung als solche, soziales Prestige und persönliches Ansehen bedeuten den Daoisten nichts – im Gegenteil: dem konfuzianischen Ideal des Konformismus wird das Ideal des authentischen, nur sich selbst gegenüber verantwortlichen Nonkonformisten gegenübergestellt, der dann auf dem richtigen Weg ist, wenn er im Einklang mit der Natur handelt.

Das Ziel ist es, den egoistischen Ehrgeiz und das Streben nach Macht und Einfluss, aber auch die Abhängigkeit von Urteilen und Vorurteilen der Gesellschaft zu überwinden und dadurch innere wie äußere Unabhängigkeit und Harmonie zu erreichen. Wer das tut und auf die Verfolgung egozentrischer Wünsche verzichtet, sich also mit dem begnügt, was er hat, ist schon auf dem richtigen Weg (DAO), der zugleich das Ziel ist.

In Vers 33 des wichtigsten taoistischen Werks, dem Laozi zugeschriebenen Daodejing (»*Die wahre Schrift über den Weg und die Tugend*«), heißt es:

»Wer andere Menschen durchschaut, ist klug.
Wer sich selbst erkennt und danach handelt, ist weise.
Andere zu beherrschen ist ein Zeichen von Macht.
Sich selbst zu beherrschen bedeutet wahre Stärke.
Wer sich mit dem zufrieden gibt, was er hat, ist wohlhabend.
Wer sein Ziel hartnäckig verfolgt, erreicht es möglicherweise nie,
aber wer seinen Platz im Leben annimmt, hat es schon erreicht.«

Und an anderer Stelle (Vers 44) heißt es:

»Was ist wichtiger, anderen zu gefallen oder sich selbst treu zu bleiben?
Was ist erstrebenswerter, Reichtum oder innere Zufriedenheit?
Was ist besser, nach Gewinn zu streben oder mit anderen zu teilen?
Selbstloses Verhalten trägt den Lohn in sich.
Je mehr man hat, desto mehr kann man verlieren.
Gib Dich zufrieden mit dem, was Du hast und Du kannst nichts verlieren.
Wer Genügsamkeit praktiziert, wird lange leben und glücklich sein.«

Diese Maximen (Selbstbeherrschung, Genügsamkeit) sind für uns ohne weiteres eingängig und nachvollziehbar, weil sie ihre Entsprechung in westlichen Leitvorstellungen haben, die schon im Altertum propagiert wurden, z.B. in frühchristlichen

Vorstellungen oder den Schriften der Stoiker (»Vom glückseligen Leben« des Philosophen Seneca oder den »Selbstbetrachtungen« des »Philosophenkaisers« Mark Aurel) aus dem 1. und 2. Jahrhundert nach Christus.

Aber was ist von der folgenden Stelle (VERS 14) zu halten?

> *»Wonach man schaut, ohne es sehen zu können – das Gestaltlose.*
> *Wonach man horcht, ohne es hören zu können – das Lautlose.*
> *Wonach man greift, ohne es ergreifen zu können – das Körperlose.*
> *Die Drei werden Eins, die ungeformte, namenlose Einheit des DAO.*
> *Du kannst es nicht erkennen, aber trotzdem dem Weg des DAO folgen.«*

Oder von der These, dass der Weg das Ziel ist, oder der Aussage, dass keiner sich so sehr irrt, wie derjenige, der glaubt, den Durchblick zu haben (Zhuangzi)?

Ist das als Weisheit verbrämter Nonsens, esoterischer Unsinn? Oder im Gegenteil der Schlüssel zur Erkenntnis und zum daoistischen Denken?

Da es sich um eine ältere, ursprünglich nur mündlich von einer Generation an die nächste weitergegebene Lehre handelt, die erstmals im Daodejing schriftlich zusammengefasst worden ist, und da auch der Text selbst immer wieder Änderungen durchlaufen hat, liest es sich in weiten Teilen wie eine Sammlung mystischer Orakelsprüche, deren Sinn sich nur demjenigen erschließt, der bereit ist, sich auf diese Lehre einzulassen. Dabei ist das Alter dieses aus 81 Kapiteln oder Versen bestehenden Werkes zu berücksichtigen, das etwa zur gleichen Zeit wie die Werke der berühmten griechischen Philosophen entstanden ist. Einige Passagen sind archaisch und erratisch, andere geradezu verblüffend modern. »Es veranschaulicht wie kein anderes Buch den fließenden Übergang zwischen mythischem Denken und philosophischer Besinnung.«[2]

Die Vieldeutigkeit einzelner Passagen hängt auch mit einer in der chinesischen Sprache angelegten Besonderheit zusammen, die den europäischen Sprachen abgeht: Viele Schriftzeichen haben nicht nur mehrere, z.T. stark differierende Bedeutungen, sondern werden sowohl als Substantive wie auch als Verben oder als Adjektive benutzt, ohne dass es hierfür feste Regeln gibt. Noch erstaunlicher: Bestimmte Aktivitäten sind identisch mit ihrem Ergebnis bzw. beides geht nahtlos ineinander über. Zum Beispiel gibt es ein häufig verwendetes Wortzeichen, das ebenfalls »Dao« ausgesprochen wird. Es bedeutet sowohl »nach« (Richtung) bzw. »bis« (Ziel), als auch »erreichen« (ankommen). Die Vorstellung vom Weg, der das Ziel ist, ist für Chinesen also schon in sprachlicher Hinsicht nicht so abwegig, wie sie uns auf den ersten Blick erscheint.

Im Folgenden werden zunächst die wichtigsten Grundbegriffe des Daoismus (QI, DAO, YIN YANG, WU WEI, DE und SHENGSI) erläutert und danach zwei damit zusammenhängende, auch im Westen bekannte Übungen bzw. Methoden (TAI JI und FENG SHUI) kurz in ihrer Bedeutung erläutert.

2 G. Link, a.a.O., Seite 17

气

QI

In der Antike wurde auch in anderen Hochkulturen kosmische Energie als Quelle allen Lebens gesehen. Das gilt für Indien (*Prana*) ebenso wie für das alte Griechenland (*Pneuma*). Diese Begriffe bedeuten »Atem des Lebens« oder »Geist« (spirit), der als göttlich verehrt wurde. In ihnen schwingt noch die Ehrfurcht vor einer unbegreiflichen, unsichtbaren, aber dennoch spürbaren, das Leben der Menschen unmittelbar oder mittelbar beeinflussenden Elementarkraft mit, der das Leben und Schicksal jedes Einzelnen unterworfen sind.

In China hat diese Vorstellung eine Tradition, die weit hinter die Zeit der daoistischen Denker zurückreicht und bis heute lebendig ist. Da nach dieser Vorstellung alle Dinge im Kosmos (*»die 10.000 Dinge«*) aus Energie in den unterschiedlichsten Formen bestehen und alles im Kosmos in ständiger Bewegung ist, war es naheliegend, die Welt als ein Universum zu verstehen, in dem Alles zwischen Himmel und Erde durch das Wirken der Kräfte des QI entstanden ist und erhalten wird.

Das Schriftzeichen QI bedeutet »Atem«. Es bildet die Begriffe »Lebenskraft« (*Shengqi*) und »Energie« (*Qili*), ist aber auch in »Luft« (*Kongqi*), »Klima« (*Qi-*

hou) und »Wetter« (*Tianqi*) enthalten. Das irdische QI hängt mit dem himmlischen QI zusammen. Beides lässt sich nicht voneinander trennen, sondern befindet sich in einem Zustand ununterbrochener dynamischer Wechselwirkung, der sich in YIN und YANG, d.h. im ständigen Wandel manifestiert (s.o.).

Das erklärt auch, warum es im daoistischen Universum keinen Platz für einen allmächtigen Gottvater, Schöpfer oder Weltenlenker wie im christlich-jüdischen Denken gibt. China ist die einzige alte Kulturnation, die nie eine Religion mit einer zentralen Gottheit entwickelt hat. Dies wäre mit der Vorstellung, dass die Welt nicht von irgendjemandem geschaffen worden ist, sondern aus sich selbst heraus existiert und durch die Kräfte des QI zusammengehalten wird, nicht zu vereinbaren.

Daher wäre es auch verfehlt, Laozi als »Erfinder« oder »Schöpfer« des Daoismus zu bezeichnen. Er hätte diese Idee sicher weit von sich gewiesen und wäre wenig erfreut gewesen, wenn er gewusst hätte, dass er Jahrhunderte später in der Volksreligion zum wichtigsten Hausgott im daoistischen Götterhimmel werden sollte. Wahrscheinlich hätte er nicht einmal die Bezeichnung »Lehrer« akzeptiert, denn er soll seinen Schülern den Satz »*Misstraue Deinen Lehrern*« eingeschärft haben, um zu verdeutlichen, dass der einzige Lehrmeister die Natur bzw. das ihr innewohnende Wirkprinzip (QI) ist.

Für die frühen Daoisten war es selbstverständlich, sich möglichst flexibel diesem Wirkprinzip anzupassen. Nach ihrer Vorstellung sind alle Dinge und lebendigen Wesen im Universum von dieser vitalen, Leben spendenden Energie durchdrungen und von dem stetigen Energiefluss abhängig. Jeder Mensch ist ein Mikrokosmos, der den Makrokosmos des Universums im Ansatz in sich trägt, also gewissermaßen ein Universum »*en miniature*«. Und da das Universum ein Energiefeld ist, das uns umgibt und durchdringt, ist es nur natürlich, dass der Mensch versuchen sollte, die Beherrschung dieser Lebensenergie (QI) zu erlernen und diese sich nutzbar zu machen. Das geht nur, wenn er sich selbst als Teil dieser Ganzheit versteht.

QI kann – mit den Worten von Goethe – als das verstanden werden, »was die Welt im Innersten zusammenhält«.[3] Die QI-Energie fließt sowohl im Kosmos und in der Natur, wie auch in den Meridianen des menschlichen Körpers. Der QI-Fluss ist also ein universales Lebensprinzip. Der Mensch tut gut daran, diesem Prinzip seine Aufmerksamkeit zu schenken und den QI-Fluss nicht zu blockieren, wenn er nicht den Kontakt zum Leben verlieren oder krank werden will.

Durch das »Kultivieren des QI«, d. h. die Kultivierung von natürlicher Vitalität und Sensibilität durch Abbau von Blockaden und Störfaktoren, durch die das Fließen der Lebensenergie behindert wird, wird man stärker und widerstandsfähiger, während gleichzeitig die innerliche Unruhe, die mit Hast und innerer Anspannung, sowie dem ständigen Streben nach Effizienz zusammenhängt, nachlässt. Darum geht es beim QI GONG (»Arbeit mit dem QI«), aber auch beim TAI JI CHUAN (s.u.)

Die sorgfältige Beachtung und Steuerung der QI-Energie gilt aber nicht nur für die innere Ausgewogenheit (Harmonie), sondern auch für alle übrigen Lebensbereiche, für die Gesundheit und Sexualität ebenso wie für das Essen und Wohnen (FENG SHUI). Ziel ist es, in Einklang mit den unsichtbaren Vitalkräften des QI

3 Johann Wolfgang von Goethe: Faust, Teil I, V.382–383

zu kommen und zu bleiben. Aus dem QI des Himmels wird so das QI des Menschen »abgezweigt«. Zwischen beiden besteht eine enge Verbindung, die umso enger wird, je besser es dem einzelnen Menschen gelingt, sein eigenes QI zu stärken und mit dem himmlischen QI in Übereinstimmung zu bringen.

Gelingt dies, bedeutet es Glück und perfekte Harmonie. Gelingt es nicht, bedeutet es Unglück oder Krankheit, im schlimmsten Fall den Tod. Erlischt das QI, stirbt der Mensch. Nur ein Leben im Einklang mit der Natur, dem großen Lehrmeister, kann zu Glück und Erfüllung und zur Vermeidung von Unglück und Katastrophen führen.

DAO

Der Name »Daoismus« leitet sich von dem Zeichen »Dao« ab, das »Weg« aber auch »Methode« bedeutet. Was unter diesem Weg bzw. dieser Methode zu verstehen ist, ist nicht einfach zu erklären.

Die frühen Daoisten hätten wahrscheinlich schon den Versuch, den Begriff DAO zu erklären, als abwegig bezeichnet, heißt es doch schon im 1. Vers des Daodejing:

> *»Das DAO, das man beschreiben kann, ist nicht das wahre DAO.*
> *Der Name, der genannt werden kann, ist nicht der wahre Name.«*

Hierfür gibt es einen tieferen Grund, der weiter unten behandelt wird. Viele andere Stellen dieses berühmten Werkes sind auf den ersten Blick ebenfalls rätselhaft und scheinbar widersprüchlich, wie der vorstehend zitierte Vers 14. Was dort mit »*Die Drei werden Eins*« gemeint ist, erschließt sich, wenn man weiß, dass es im Daoismus immer um die Erkenntnis und Berücksichtigung der Ganzheit jenseits der Verschiedenheit, d.h. der

»Einheit in der Verschiedenheit«[4] geht. Es kommt auf die Zusammenschau, das In-Eins-Setzen aller Einzelelemente an, durch die nach daoistischer Vorstellung das Wesentliche einer Sache sichtbar wird, weil hierdurch die Gegensätze und Unterschiede, die den Blick auf das Ganze versperren, zurücktreten und schließlich irrelevant werden.

Sie steht in diametralem Gegensatz zu der für das westliche Denken typischen systematischen Aufspaltung aller Dinge und Vorgänge in Teilaspekte und deren isolierter Betrachtung und Bewertung nach qualitativen oder sonstigen Kriterien, wobei der Mensch sich selbst als das Maß aller Dinge sieht. Sobald die Trennung erfolgt ist, lassen Vernunft und Logik eine ganzheitliche Betrachtung nicht mehr zu. »Einfach« ist nach unserer Vorstellung das absolute Gegenteil von »schwierig«, »schön« ist das absolute Gegenteil von »hässlich«. Was »einfach« ist, kann nicht gleichzeitig »schwierig« sein usw. Beide Begriffe eines Begriffspaars sind exklusiv, d.h. schließen sich gegenseitig aus und lassen sich nicht gleichzeitig und zusammen denken oder vorstellen.

Diese Aufspaltung und die darauf basierende isolierte Beurteilung aller Vorgänge und Dinge lehnt der Daoismus als unnatürlich und tendenziell zerstörerisch ab. Bei Zhuangzi lässt sich hierzu die folgende Beobachtung finden:

> *»Das Wissen der Alten war vollkommen. Wie vollkommen? Erst wussten sie nicht, dass es zehntausend Dinge gab. Das ist das vollkommenste Wissen, nichts kann ihm hinzugefügt werden.*

---

4 Georg Wilhelm Friedrich Hegel: Wissenschaft der Logik.

Dann lernten sie, dass es zehntausend Dinge gibt, aber sie machten noch keine Unterschiede zwischen ihnen. Dann unterschieden sie zwischen ihnen, aber sie urteilten nicht über sie. Als sie anfingen, zu urteilen, wurde das DAO zerstört.«

Dem liegt die Erkenntnis zugrunde, dass logische Unterscheidungen und Gegensätze in der Natur nicht vorgegeben sind, sondern erst durch den menschlichen Geist, durch Urteile und Bewertungen in sie hineinprojiziert und durch die Sprache konstituiert werden. Denn jeder Begriff erzeugt eine Spaltung, indem er das, worauf er sich bezieht, von dem trennt, was nicht dazu gehört.

Durch Namen, Begriffe und Adjektive zerteilen wir unbewusst das, was in der Wirklichkeit ein ungeteiltes Ganzes bildet, uns aber ohne die Instrumente der Logik und Sprache »unbegreiflich« erscheint. Die Gefahr, dass sich hierdurch der Blick verengt und eine selektive Wahrnehmung erfolgt, weil zwangsläufig wesentliche Gesichtspunkte ausgeblendet werden (»unter den Tisch fallen«), ist der Grund für die Skepsis der daoistischen Denker gegenüber der Sprache, dem »Reden mit Worten« (dazu s.u.).

Wenn wir beispielsweise betonen, dass ein Vorschlag »Sinn ergibt« und »perfekt« ist, werten wir damit unbewusst alles, was sich nicht ohne weiteres damit vereinbaren lässt, als sinnlos bzw. irrelevant ab. Sogar wenn wir den Begriff »Ich« verwenden, trennen wir damit unbewusst unsere persönliche Eigensphäre, das »Innen«, von allem, was sich »drumherum« befindet, dem Nicht-Ich (»Außen«). Aber die Übergänge sind fließend. Gehört etwa die Atemluft zum Nicht-Ich (»Außen«), aber nach dem Einatmen und vor dem Ausatmen zum Ich (»Innen«) –oder gehört eine Information, die in einer vor mir liegenden Zeitung steht, zum Nicht-Ich (»Außen«), aber dann, wenn ich sie gelesen und verstanden (und noch nicht vergessen) habe, zum Ich (»Innen«)?

Und die Frage, ob Dinge, die wir in der Außenwelt beobachten, überhaupt tatsächlich oder nur in unserer Vorstellung existieren – d.h. nur Sinneseindrücke sind und als solche keine Eigenschaften besitzen, außer denen, die wir in sie hineinprojizieren, indem wir ihnen Namen geben oder bestimmte Bezeichnungen für sie verwenden –, ist eine uralte philosophische Streitfrage (Erkenntnistheorie), mit der sich schon Platon und Aristoteles beschäftigt haben und die in Wittgensteins Sprachlogik eine zentrale Rolle spielt.

Seit der Aufklärung im 18. Jahrhundert mit ihrer Verabsolutierung der kritischen Vernunft (ratio) und strikten Trennung zwischen Gedanken und Gefühlen, Wahrheit und Unwahrheit, Subjekt und Objekt, Logik und Glauben tendieren wir zu einer durch die Sprache geförderten und geprägten Entweder/oder- bzw. Schwarz/Weiß-Sicht, bei der die jeweils im Vordergrund stehende Eigenschaft einer Sache verabsolutiert und der Rest marginalisiert wird.

Diese Sicht hängt mit dem westlichen Fortschrittsglauben und dem kapitalistischen Wirtschaftssystem zusammen, in dem nur das zählt, was nachweislich funktioniert und instrumentalisiert, d.h. zu Geld gemacht werden kann. Alles Immaterielle und nicht Evidente, d.h. unter der sichtbaren Oberfläche Liegende, wird als unbrauchbar und damit irrelevant ausgeblendet. Das gilt besonders für alles Spirituelle, metaphysische und sonstige rational nicht erklärbare Phänomene aller Art. Sie sind »Störfaktoren«, die in diesem mechanistischen, rein pragmatisch-funktionellen Weltbild nichts zu suchen haben.

Ein Beispiel ist die westliche Schulmedizin, in der alles nicht empirisch Beweisbare ausgeblendet wird, selbst wenn seine Wirkzusammenhänge auf der Hand liegen.

Aus der allein an Effizienz und wirtschaftlichem Erfolg orientierten Denkweise, die man als intellektuelle Leitkultur des westlichen Lebensstils bezeichnen kann, folgt eine totale »Entspiritualisierung« (die schon von den deutschen Frühromantikern des 18. Jahrhunderts beklagt wurde, die von der »Entzauberung« der Welt durch die Aufklärung sprachen) und gleichzeitig die Überbewertung und Verabsolutierung von intellektuellen und sonstigen Spitzenleistungen und Superlativen aller Art.

Das ist das exakte Gegenteil der daoistischen Philosophie, die eine ganzheitliche (monistische) Sicht der Welt und der »zehntausend Dinge« in der Welt vertritt und lehrt. Die einzelnen Elemente und Erscheinungen der Außenwelt können nicht isoliert, sondern müssen in ihrer Komplexität und inneren Abhängigkeit voneinander gesehen und verstanden werden. So heißt es in VERS 42:

> *»Das DAO bringt die Einheit hervor, aus der Einheit entsteht die Zweiheit. Aus der Zweiheit entsteht die Vielheit und aus dieser entstehen die zehntausend Dinge. Die zehntausend Dinge in der Welt sind durchdrungen von YIN und YANG, aus deren Verbindung das QI und die himmlische Harmonie entstehen.«*

Die Betonung der Ganzheit und Einheit bedeutet nicht, dass Gegensätze von den Daoisten ignoriert werden, sondern nur, dass sie nicht als antagonistisch, d.h. als sich gegenseitig ausschließend, sondern als komplementär, d.h. als sich gegenseitig bedingend und ergänzend betrachtet werden.

Das DAO ist gleichzeitig die Vielfalt und die Einheit, d.h. die Einheit in der Vielfalt und umgekehrt. Weil keine überflüssigen Unterscheidungen getroffen werden, ist das kein Widerspruch. Das liegt bei Phänomenen, die – wie Licht und Schatten oder Wärme und Kälte – jeweils ihr Gegenteil in sich tragen, auf der Hand. Aber auch Phänomene wie »leicht« oder »schwer«, »krank« oder »gesund«, »arm« oder »reich«, »laut« oder »leise«, »kurz« oder »lang« usw. sind nach daoistischer Auffassung komplementär. Ihre wahre Bedeutung erschließt sich erst, wenn man versteht, dass sie mit ihrem jeweiligen Gegenteil in einer inneren Verbindung stehen. Es handelt sich also nicht um absolute, sondern zwangsläufig um relative Eigenschaften. Das folgt aus der Einsicht, dass es in der Natur keine Extreme und damit auch keine Superlative oder Exklusivität gibt. Im Gegenteil: Alles, was sich einem Extrem zuneigt oder vom Menschen ins Extrem getrieben wird, ist dazu verurteilt, sich in sein Gegenteil zu verwandeln.

Die Forderung, sich nicht von einer auf Extreme fixierten Sicht leiten zu lassen, sondern das Gegenteil gewissermaßen »mitzudenken«, sich dieser Polarität zumindest bewusst zu sein, ist von zentraler Bedeutung und steht daher gleich am Anfang des Daodejing in Vers 2:

»Wenn man das Schöne als schön erkennt, dann
nur deshalb, weil es auch das Hässliche gibt.
Wenn man das Wertvolle als wertvoll erkennt,
dann nur deshalb, weil es auch das Wertlose gibt.
Sein und Nichtsein erzeugen sich gegenseitig,

Schwierig und einfach hängen voneinander ab,
Lang und kurz bedingen sich wechselseitig,
Hoch und tief beziehen sich aufeinander.
Vorher und nachher folgen aufeinander.«

In der daoistischen Vorstellungswelt geht es immer mehr um das Verbindende als um das Trennende. Insbesondere die Unterscheidung zwischen dem Seienden und dem Nichtseienden, die jahrhundertelang in der westlichen Philosophie eine zentrale Rolle gespielt hat, hat für die daoistischen Denker keinen Sinn. Sein und Nichtsein bedingen einander so wie das Helle und das Dunkle, weil es nichts gibt, was nicht zugleich sein Gegenteil beinhaltet. (Das kommt im YIN-YANG-Symbol durch den weißen Punkt im schwarzen Feld und durch den schwarzen Punkt im weißen Feld zum Ausdruck.)

Das Interesse gilt nicht so sehr einzelnen Aspekten einer Sache, d.h. dem von einem festen Standpunkt aus Sicht- und Analysierbaren. Mindestens genauso wichtig wie die Eigenschaften einer Sache ist der Zusammenhang, in dem sie steht oder benutzt werden kann. Damit sind nicht nur rein funktionale, technische Aspekte, sondern auch – nach unserem Verständnis – akzidentelle, d.h. zufällige und nicht notwendige Aspekte wie ihre Brauchbarkeit oder Nützlichkeit für Menschen oder ihre Umweltverträglichkeit gemeint.

So kommt etwa der »Leere« im daoistischen Denken eine zentrale Bedeutung zu:

»Dreißig Speichen verbinden Radnabe und Felge,
aber erst durch die Leere in der Mitte wird das Rad brauchbar.

Formt man Lehm auf der Töpferscheibe, so entsteht ein Gefäß,
aber erst durch die Leere in seinem Innern wird es benutzbar.
Versieht man Wände mit Türen und Fenstern entsteht ein Haus,
aber erst durch die Leere in seinem Innern wird es bewohnbar.«

(VERS 11)

Die Erkenntnis, dass alles Seiende erst durch das Nichtseiende zu dem wird, was es ist, d.h. das Eine ohne das Andere nicht denkbar ist, ist der wesentliche Beitrag des Daoismus zur Philosophie. Nicht nur die Unterscheidung zwischen Sein und Nichtsein, sondern auch die Unterscheidung zwischen Subjekt und Objekt spielt in der daoistischen Philosophie keine entscheidende Rolle. Entscheidend ist die Stellung eines Objekts im Gesamtzusammenhang, die wechselseitigen Wirkungen innerhalb desselben und die Wirkungen auf die Menschen. »Diese unterschiedliche Gewichtung durchzieht alle Bereiche der chinesischen Kultur von der Grammatik über Malerei und Medizin.«[5]

Damit hängt es zusammen, dass im daoistischen Denken die Bereitschaft und Fähigkeit, eine Situation oder eine Sache nicht nur aus einer (der eigenen) Perspektive, sondern auch aus der seines Gegenübers oder Dritter zu sehen und zu beurteilen, einen hohen Wert hat. Dabei kommt es nicht auf spitzfindige Unterscheidungen zwischen der eigenen Sicht und der Sicht des Anderen oder auf rechthaberisches Argumentieren (Pro und Contra), sondern auf eine natürliche, nicht unbedingt durch

5 G. Link, a.a.O., Seite 31

den Verstand gefilterte Sicht an, bei der Gefühle nicht ausgeblendet werden und durchaus Vorrang vor der Logik haben können. Das wird von Zhuangzi in der Parabel »*Tanz der Fische*« wie folgt veranschaulicht:

> *»Einst spazierten Zhuangzi und Huizi über eine Brücke an einem Fluss. Zhuangzi beobachtete die Fische und sagte: ›Sieh nur, wie frei und glücklich die Fische im Wasser springen!‹. Huizi erwiderte: ›Du bist kein Fisch – woher weißt Du, ob die Fische glücklich sind?‹ Zhuangzi entgegnete: ›Du bist nicht ich – wie willst Du wissen, dass ich nicht weiß, dass die Fische glücklich sind?‹ Huizi entgegnete: ›Wenn ich nicht wissen kann, was Du weißt, kannst Du nicht wissen, was die Fische empfinden.‹ Darauf sagte Zhuangzi: ›Du hast mich doch gefragt: Woher weißt Du, was Fische glücklich macht. Also gehst Du davon aus, dass ich weiß, dass Fische glücklich sein können. Ich erkenne die Freude der Fische im Fluss durch meine Freude am Spazierengehen an eben diesem Fluss.‹«*

Das Bild des Flusses, in dem sich die Fische tummeln – eine Referenz an das taoistische Leitbild des Wassers als Urelement allen Lebens – und das bei seinem Anblick spontan entstehende Glücksgefühl, bedarf keiner Erklärung. Der letzte Satz ist die (verdeckte) Aufforderung an den Skeptiker Huizi, endlich mit seinen sophistischen Fragestellungen aufzuhören und es ihm gleich zu tun, d.h. den Augenblick zu genießen und sich treiben zu lassen. (»Go with the flow«). Berühmt ist auch Zhuangzis »*Schmetterlingstraum*«:

»Einst träumte ich, ich sei ein Schmetterling, der fröhlich herumflatterte. Plötzlich erwachte ich und wusste nicht, ob ich Zhuangzi war, der geträumt hatte, ein Schmetterling zu sein, oder ein Schmetterling, der geträumt hatte, Zhuangzi zu sein.«

Traum und Realität sind für Zhuangzi also zwei gleichwertige Seiten einer Medaille. Das bedeutet, dass die gewohnte Perspektive (wie man eine bestimmte Sache oder Situation üblicherweise sieht und beurteilt) weder die einzige in Betracht kommende noch die einzig richtige Perspektive ist. Auch eine ungewohnte Perspektive ist eine sinnvolle Möglichkeit, eine Sache, eine Situation oder ein Problem zu sehen und zu beurteilen, selbst wenn sie auf den ersten Blick sehr weit hergeholt ist (Traumwelt) und als wirklichkeitsfremd erscheint.

Daraus lässt sich das Prinzip ableiten, sich weder auf den ersten Eindruck zu verlassen, noch vorschnell zu urteilen oder auf eine bestimmte Sicht festzulegen. Vor allem ist es ein Fehler, stur darauf zu beharren, im Recht zu sein, selbst wenn man tatsächlich im Recht sein sollte. Vielmehr sind Spontaneität und Flexibilität gefragt, wenn man bei plötzlich auftauchenden Problemen so handeln will, dass sich das gewünschte Ergebnis mühelos und »wie von selbst« ergibt. Dieses Prinzip wird nach einer anderen Erzählung Zhuangzis auch als das »*Morgens drei*«-Prinzip« bezeichnet:

»Ein Affenwärter ging zu seinen Affen, um sie wie üblich mit Esskastanien zu füttern. Er sagte: ›Wir haben leider nicht mehr viel Futter für euch. Ab heute kriegt ihr morgens nur noch 3 Portionen, aber dafür nachmittags 4.‹ Die Affen

waren damit nicht einverstanden und protestierten lautstark. Als sie keine Ruhe gaben, sagte der Wärter schließlich: ›Na gut, dann kriegt ihr morgens 4 Portionen und nachmittags 3‹. Damit waren sie sofort einverstanden.«

Was will Zhuangzi damit sagen? Vielleicht dass Affen dümmer als Menschen sind? Wohl kaum. Es geht ihm darum, zu zeigen, dass der Wärter klug genug war, zu erkennen, dass es besser ist, den irrationalen Wünschen der Affen nachzugeben, als stur auf der Durchführung seiner angekündigten Absicht zu bestehen. Dadurch hat er mühelos erreicht, was sonst nur mit List oder Gewalt zu erreichen gewesen wäre.

Die daoistischen Prinzipien (Berücksichtigung des Doppelcharakters der meisten Phänomene, Bereitschaft zur Aufgabe egoistischer Wünsche und zum flexiblen Nachgeben) werden in diesen Parabeln von Zhuangzi nicht in belehrender, sondern in spielerisch-ironischer Form präsentiert. Dabei ist es bemerkenswert, dass in allen drei Geschichten Tiere eine Hauptrolle – auf Augenhöhe mit den Menschen – spielen.

Wirklich verblüffend und – wenn man das Alter dieser Zeilen bedenkt – geradezu modern ist es aber, dass Zhuangzi psychologischen Aspekten (Einfühlung in Gedanken bzw. Empfindungen anderer Lebewesen, Traumdeutung) eine zentrale Rolle zuweist. Zhuangzi ist dadurch, aber auch durch seine essayistische Erzählweise, zu einem Vorbild für die gesamte spätere chinesische Literatur geworden.

Der Daoismus lehnt nicht nur den Egoismus ab, sondern ist zugleich auch ein Plädoyer für das Mitgefühl (Empathie) als Voraussetzung für ein friedliches Miteinander.

Durch den Vergleich der eigenen Sichtweise mit der des Anderen lässt sich eine Verständigung (Harmonie) wesentlich leichter erzielen, als wenn man sich nur an den eigenen Vorstellungen oder Wünschen orientiert und diese auf Kosten des anderen durchzusetzen versucht, wie es für Egoisten typisch ist. Das Wesen des Egoismus ist ja gerade die Ausblendung und Ablehnung von allem, was nicht der eigenen Vorstellung entspricht. Einem Egozentriker die Beachtung der Sichtweise und Interessen seines Gegenübers zu empfehlen, ist so, wie wenn man einem Blinden einen Vortrag über Farben halten würde. Egoismus und Daoismus schließen sich demnach gegenseitig aus. Auch deshalb hat der Daoismus seine Bedeutung bis heute nicht eingebüßt.

Das daoistische Weltbild ist nicht statisch, sondern dynamisch wie die Wirklichkeit. Das einzig Unveränderliche ist der ununterbrochene Wandel, d.h. der zyklische Wechsel von einer Qualität in eine andere – ihr scheinbar entgegengesetzte, in Wirklichkeit aber komplementäre – Qualität. Das gilt nicht nur für den ewigen Kreislauf der Natur und die endlose Aufeinanderfolge von Frühling, Sommer, Herbst und Winter, von Geburt, Wachstum, Zerfall und Tod, sondern auch für die Lebensumstände des einzelnen Menschen. So, wie die Dunkelheit der Helligkeit und die Helligkeit der Dunkelheit in ständigem Wechsel folgt, wird aus »neu« »alt«, aus »stark« wird »schwach« und aus »vorher« wird »nachher« usw. Was das für die Menschen bedeutet, wird in Vers 74 mit den Worten ausgedrückt:

»Wenn Du begriffen hast, dass alles im Fluss ist,
gibt es nichts mehr, woran Du festhalten willst.
Wenn Du keine Angst vor dem Tod hast,
gibt es nichts was Du nicht erreichen kannst.«

Wegen dieser ständigen Veränderung kommt es nicht auf Momentaufnahmen und die Betonung der jeweils gerade im Vordergrund stehenden Aspekte an. Vielmehr geht es um das intuitive In-Eins-Sehen aller Phänomene und das Beachten der dynamischen Wechselwirkungen zwischen ihnen. Das gelingt nach daoistischer Auffassung nur wenn man sich von aller Ablenkung und Verwirrung durch den kritischen Verstand befreit. Nur durch die Leere des Geistes – indem man nichts festhält und alles vergisst – kann Erleuchtung erreicht werden.

Das ist, was Laozi die Methode des »*Loslassens und Verlierens*« nennt:

> »*Das DAO suchen heißt Loslassen und Verlieren. Durch Loslassen und Verlieren erreicht man schließlich den Zustand des Nichthandelns. Hat man diesen Zustand erreicht, ist man befreit von Unterscheidungen und Trennungen. Man schaut das Eine und wird Teil des Ganzen.*«

Das »Schauen« ist dabei nicht im wörtlichen Sinne zu verstehen, sondern eher im Sinne von Betrachtung, Anschauung oder Intuition, so wie man sagt, dass jemand »seherische Fähigkeiten« habe. Abstrakt formuliert: Nicht das analytische Unterscheiden und Zergliedern einer Sache oder eines Vorgangs in einzelne Aspekte und Kategorien und deren Beurteilung ist der Weg zur Erkenntnis, sondern der Versuch, das innere Wesen der Dinge durch Transzendierung ihrer äußeren Form und Konzentration auf das Wesentliche intuitiv zu erfassen.

Das daoistische Leitbild einer universellen, dynamischen Harmonie basiert auf der Vorstellung von einer naturgegebenen kosmischen Ordnung, in der alle Gegensätze aufgehoben (»harmonisiert«) sind. Das Vorbild ist die Natur, in der alles von selbst geschieht:

> *»Die Natur strengt sich nicht an und ist trotzdem stets vollendet.«*

Natur heißt auf Chinesisch »*Ziran*«. Das bedeutet »Das von selbst Geschehende«, das Spontane, das aus sich selbst heraus so ist, wie es ist. Das, was sich von selbst, ohne Eingreifen der Menschen ergibt, ist das Natürliche. Eine unharmonische und damit unnatürliche Natur ist nicht vorstellbar. Deshalb ist es wichtig sein Verhalten an diesem Prinzip auszurichten, mit ihm im Einklang zu leben und dadurch den Zustand höchster Harmonie zu erreichen.

Der Daoist sieht die *»zehntausend Dinge«* als interdependente (sich gegenseitig bedingende) Elemente der Wirklichkeit, so wie Tag und Nacht, Licht und Schatten nur als sich gegenseitig erzeugend verstanden werden können. Erst durch die Gesamtschau ergibt sich das Wesentliche, so wie ein Berg erst dadurch zum Berg wird, dass er sich von der ihn umgebenden Ebene buchstäblich abhebt, und ein Tal erst dadurch zum Tal, dass es durch Berge oder Hügel begrenzt wird.

Das DAO wird verdunkelt, wenn die Menschen nur einen Pol eines Gegensatzpaares (YIN oder YANG) beachten oder sich nur auf einen Teilaspekt einer Sache konzentrieren und alles Übrige ignorieren. Das kann fatale Folgen haben, weil das Eine nicht ohne das Andere existieren kann, so wie wenn – um ein weit hergeholtes, aber anschauliches Beispiel zu gebrauchen – bei einer elektrischen Stromleitung, die einen Plus-Pol und einen Minus-Pol hat, einer von beiden Polen isoliert würde. Das würde bedeuten, dass nichts mehr funktioniert. Dem entgeht derjenige, der beides, das Eine und das Andere, im Blick behält:

> *»Der Weise, der beide Seiten eines Falles ohne Parteilichkeit betrachtet, folgt*
> *dem Weg des DAO. Dies nennt man: Zwei Wegen gleichzeitig folgen.«*

Im Bewusstsein dieser universalen Einheit erreicht er die Harmonie, sowohl mit sich selbst wie mit seinen Mitmenschen und schließlich die Integration seines Selbst mit dem Universum als höchste Form der Harmonie (*Taiping*).

Voraussetzung hierfür ist aber das Loslassen und Vergessen:

> *»Gib das Denken auf, mach den Geist leer, bring völlige Ruhe in Dein Inneres.*
> *Betrachte das Kommen und Gehen der 10.000 Dinge, wie sie auftauchen,*
> *in endloser Folge entstehen und vergehen.*
> *Jedes einzelne kehrt zu seinem Ursprung zurück, das ist der Weg der Natur.*
> *Diesem Prozess zu vertrauen, bringt innere Ruhe und Entspannung,*
> *ihn zu missachten, bringt Unglück, Durcheinander und Leid.*
> *Mit dem DAO im Einklang kannst Du jede Situation meistern und*
> *wenn der Tod kommt, bist Du auf ihn vorbereitet.«*
>
> (VERS 16)

Wie man durch Meditation dahin gelangen kann wird Meister Tao-An (312–385) wie folgt beschrieben:

> »Es gibt vier Meditationstechniken, die sich die Körperfunktionen zu Nutze machen. Mit Atemübungen durchschreiten wir die sechs Stadien auf dem Weg zur Integration. Körperliche Übungen führen durch vier Stadien zur Sammlung. Diese Schritte bestehen im ›Verlieren und Verlieren‹, bis wir das WU WEI, das Nicht handeln erreicht haben, oder im ›Vergessen und Vergessen‹, bis wir uns aller Leidenschaften entledigt haben. Durch Nichthandeln kommen wir in Übereinstimmung mit den Dingen. Durch Leidenschaftslosigkeit kommt Harmonie in unser Tun. Stimmen wir mit den Dingen überein, dann schauen wir ihr Wesen. Durch Harmonie in unserem Tun können wir unsere Aufgabe erfüllen. Wir erfüllen unsere Aufgabe, indem wir alles, was ist, sich selbst als alles andere sehen lassen. Das Wesen der Dinge schauend, machen wir die ganze Welt selbstvergessen. Damit beseitigen wir das Andere und beseitigen das Selbst. Dies bedeutet, die Integration in das Eine zu erreichen.«[6]

Eine Abgrenzung – und damit nach daoistischer Auffassung eine Verfälschung – geschieht im Ansatz schon dann, wenn man komplexen Erscheinungen Namen gibt oder bestimmte unveränderliche Eigenschaften zuschreibt. Das ist der tiefere Grund dafür, dass das DAO als namenlos bezeichnet wird. Wäre DAO ein Begriff, dann wäre es ja dadurch abgegrenzt von dem, was nicht dazu gehört. Das DAO ist

6 Zitiert nach Chang Chun-yuan, a.a.O., Seite 116.

aber allumfassend und grenzenlos. Deshalb wird es im Daodejing als nicht benennbar bezeichnet (s.o.).

Das gleiche Problem zeigt sich auch bei Übersetzungen, z.B. den zahllosen Übersetzungen des Daodejing. Würde man DAO mit »Gott« oder »Sinn« (so Richard Wilhelm, der berühmte erste Übersetzer des Daodejing ins Deutsche) übersetzen, so wäre damit alles, was nicht zum Göttlichen zählt bzw. alles, was vermeintlich sinnlos oder Unsinn ist, von dem DAO ausgeschlossen. Die Suche nach einem tieferen Sinn (eine typisch deutsche Eigenschaft) geht deshalb an dem Wesen des DAO vorbei. Denn das DAO bezieht sich auf nichts Bestimmtes, Abgrenzbares, weil es selbst der dynamische, d.h. alle Gegensätze umschließende und alle Polaritäten harmonisierende Urgrund des Seins, also nicht teilbar ist.

Die Skepsis gegenüber Namen und Begriffen, ja sogar gegenüber der menschlichen Sprache insgesamt, wird von Zhuangzi in folgenden Worten zum Ausdruck gebracht:

> *»Das Fischernetz ist dazu da, um Fische zu fangen. Wir wollen die Fische behalten und das Netz vergessen. Die Schlinge ist dazu da, um Kaninchen zu, fangen. Wir wollen das Kaninchen behalten und die Schlinge vergessen. Worte sind dazu da, um Gedanken zu vermitteln. Wir wollen die Gedanken behalten und die Worte vergessen. Oh, welch ein Vergnügen, mit einem Menschen zu sprechen, der die Worte vergessen hat.«*

Für Zhuangzi sind Worte also Schall und Rauch, durch die der Blick auf das Wesentliche eher vernebelt als erleichtert wird. An anderer Stelle formuliert er kurz und bündig:

> »*Die höchste Rede ist frei vom Reden, das höchste Tun ist frei vom Tun.*«

Die paradox erscheinende, aber uns nicht völlig unbekannte (wie sich in den Redewendungen »beredtes Schweigen« oder »nonverbale Kommunikation« zeigt) Vorstellung, dass es ein Reden ohne zu Reden gibt, ist zu einem späteren Zeitpunkt in den chinesischen Chan-Buddhismus und von dort in den japanischen Zen-Buddhismus übernommen worden und hat ihn entscheidend geprägt.

Das »Lehren ohne Worte« wird durch folgende Geschichte illustriert: Im frühen 6. Jahrhundert wurde ein berühmter Zen-Buddhist, Fu Hsi, von Kaiser Wu der Liang Dynastie (555–581) aufgefordert, das Diamant-Sutra auszulegen. Er setzte sich vor dem versammelten Hofstaat auf einen Stuhl und schlug mit einem Stock heftig auf den vor ihm stehenden Tisch, stand auf, verbeugte sich und verließ den Raum. Dies war sein Lehrvortrag.

Nicht ganz so radikal wie Zhuangzi gibt Laotse im letzten Vers des Daodejing dem Leser das Folgende mit auf den Weg:

> »*Wahre Worte klingen selten schön,*
> *schön klingende Worte sind selten wahr.*
> *Wer weise ist, redet nicht viel,*
> *wer viel redet, ist selten weise.*
> *Weisheit braucht kein Lernen,*
> *Wissen führt nicht zur Weisheit*«
>
> (Vers 81).

Entgegen der westlichen Vorstellung, dass akademische Bildung und technisches Wissen (Knowhow) der Schlüssel zur Lösung aller Probleme sind, werden sie im philosophischen Daoismus – im Gegensatz zum Konfuzianismus, der angelerntes Wissen und Gelehrsamkeit als oberstes Ideal anstrebt – als Hindernis für die Erreichung des Ziels der höchsten Harmonie bezeichnet und radikal abgelehnt.

»Wer nach Wissen strebt, vermehrt sein Wissen.
Wer dem Weg des DAO folgt, verringert sein Wissen,
bis er innerlich leer ist und den Wert des Nichtwissens erkennt.«

(Vers 48)

阴阳

YIN YANG

Wie bereits ausgeführt, kann nach daoistischer Vorstellung eine Sache oder Situation nur verstanden werden, wenn man ihr Gegenteil mitberücksichtigt. Deshalb ist es wichtig, sie nicht eindimensional zu betrachten und das, was an der Oberfläche sichtbar ist, nicht absolut zu setzen, sondern sie in ihrer mehr oder minder ausgeprägten Komplexität als Ganzes zu sehen, sich zumindest dieser Dimension bewusst zu sein.

Diese ganzheitliche, gewissermaßen mehrdimensionale Sicht wird auf alle komplexen Phänomene, aber auch auf die einfachen Dinge des Lebens übertragen. Die Forderung, das Wesen der Dinge, d.h. den inneren Zusammenhang zwischen den unterschiedlichen Aspekten (YIN und YANG) einer Sache oder Situation, die auf den ersten Blick unvereinbar, aber in Wirklichkeit – wie der Weg und das Ziel, zu dem er führt – voneinander abhängig sind, zu sehen und diese Interdependenz zu berücksichtigen, ist wesentlich im eigentlichen Sinne des Wortes.

Ursprünglich bezeichnete YIN die von der Sonne abgewandte Talseite eines Berges, während YANG die helle, der Sonne zugewandte Bergseite bezeichnete.

Hierin kommt für den Daoisten das Wechselspiel zwischen YIN und YANG besonders deutlich zum Ausdruck, weil Licht und Schatten voneinander abhängig sind und keine feste Grenze zwischen beiden besteht. Deshalb stehen diese Einsicht und die Begriffe YIN und YANG im Zentrum der daoistischen Lehre. Später wurden weitere Polaritäten wie Ruhe oder Entspannung (YIN) und Bewegung oder Aktivität (YANG), das Weiche (YIN) und das Harte (YANG), Fülle (YIN) und Leere (YANG), das Schwere (YIN) und das Leichte (YANG), Kälte (YIN) und Wärme (YANG) usw. dem Begriffspaar YIN-YANG zugeordnet.

Aus der Naturbeobachtung, dem ständigen Wechsel von Tag und Nacht, Licht und Schatten, Wärme und Kälte, Ebbe und Flut entwickelte sich im alten China eine Kosmologie, die Vorstellung von einem Universum, in dem elementare Kräfte unablässig aufeinander einwirken und sich gegenseitig stabilisieren: Die Welt als Prozess, dessen Grundelement das unaufhörliche Werden und Vergehen ist. Werden und Vergehen sind Folge der ständigen Wandlung des QI zwischen diesen beiden Polen, wobei YIN mit den Eigenschaften »weiblich«, »passiv«, »schwach« und YANG mit den Eigenschaften »männlich«, »aktiv«, »stark« assoziiert wird.

Diese Zuordnungen erscheinen manchmal willkürlich oder zufällig, »doch stets bewegen sie sich auf der Grundlage erfahrbarer Phänomene […] Chaos und Ordnung, Teilung und Differenzierung, sowie die Hervorbringung der Wesen und Dinge durch die Wandlungen des QI.«[7]. YIN und YANG sind nicht nur bloße Orientierungs- oder Bezugspunkte, sondern symboli-

7 G. Linck, a.a.O., Seite 20

sieren die Polarität aller Dinge und Vorgänge, die durch die Kraft des QI bewirkt und stabil gehalten wird. Man spricht daher auch von YIN-QI und YANG-QI.

Entscheidend ist die Erkenntnis, dass die beiden Pole keine absoluten (antagonistischen) Gegensätze, sondern sich gegenseitig bedingende (interdependente) Elemente einer Ganzheit (DAO) sind. Aus der Einsicht in die wechselseitige Bedingtheit *(»Wo Licht ist, ist auch Schatten«)* folgt zum einen der Respekt vor der Natur, in der diese Wechselwirkungen angelegt und erlebbar sind und zum anderen die Vorstellung, dass naturgemäßes Leben nur gelingen kann, wenn beide möglichst im Einklang sind. Das harmonische Gleichgewicht zwischen YIN und YANG trotz ständiger Bewegung, wie es in dem bekannten YIN-YANG-Symbol anschaulich zum Ausdruck kommt, ist also der Kern der daoistischen Lehre.

Dabei geht es nicht darum, YIN und YANG einen bestimmten Platz zuzuweisen und damit zu fixieren, sondern es kommt im Gegenteil darauf an, die dynamische Wechselwirkung zwischen den Polaritäten zu beachten, zu begreifen und zu fördern. Stetiger Wandel ist das wichtigste, alle Entwicklung bestimmende Naturgesetz. Dieser Wandel kann vom Menschen nicht beeinflusst werden. Jeder Versuch der Beeinflussung läuft auf die Störung oder Zerstörung dieses natürlichen Prozesses hinaus und hat destruktive Konsequenzen nicht nur für ihn selbst, sondern auch für seine Mitmenschen und seine Umwelt. So heißt es in VERS 29:

»Wer die Welt beherrschen will, wird scheitern.
Die innere Ordnung der Welt ist spiritueller Natur.
Wer sie zu ändern versucht, zerstört sie.

Die Dinge in der Welt sind in ständiger Bewegung,
sie kommen und gehen wie Ein- und Ausatmen.

Einige sind stark und setzen sich durch,
andere sind schwach und gehen unter.
Wer klug ist, meidet alle Extreme,
Sinnloses und Übertreibung.«

Das Bewusstsein, dass jede Lebenssituation zwei Seiten hat, die untrennbar miteinander verbunden sind und sich gegenseitig bedingen bzw. ergänzen, schützt vor einfältiger Oberflächlichkeit. Wer es gewohnt ist, grundsätzlich nicht nur die Oberfläche, d.h. die sichtbare »Vorderseite« der Medaille, sondern immer auch die unsichtbare »Rückseite« zu beachten und beides als eine Einheit zu sehen, begreift das Wesentliche und steht über den Dingen. Er kann sie dann entspannt auf sich zukommen lassen, ohne zwischen Einzelaspekten differenzieren und sich für das Eine oder das Andere entscheiden zu müssen.

Diese Zusammenschau ist für den auf Unterscheidungen fixierten, im westlichen Denken befangenen Menschen eine Herausforderung, aber sie kann trainiert werden. Hierdurch kann ein tieferes Verständnis der mit der Sache oder Aufgabe verbundenen Probleme und damit eine schnellere Lösung erreicht werden, als es bei einer isolierten, eindimensionalen Betrachtung der Fall ist.

Im Deutschen wird einem Gesprächspartner gegenüber, der sich bei einer Diskussion in Einzelaspekten des Themas verliert, aber am Kern der Sache vorbeigeht, gerne entgegengehalten: »Du siehst den Wald vor lauter Bäumen nicht!« Die Aufforderung, den Wald statt der einzelnen Bäume zu sehen, könnte von einem Daoisten stammen.

Auch die Feststellung, dass »das Ganze mehr ist als die Summe seiner Teile«, geht in diese Richtung. Ein Daoist würde allerdings ohnehin nie daran denken, das Ganze als eine Summe seiner Teile aufzufassen. Der Wald ist nicht die Summe der Bäume, die ihn bilden, sondern etwas grundsätzlich Anderes. Die Quantität schlägt – wie man so sagt – in eine andere (neue) Qualität um.

Allerdings kann der Mensch aktiv dazu beitragen, die Dinge im Gleichgewicht zu halten. Nicht indem er in den natürlichen Fluss der Dinge eingreift, sondern indem er dort, wo zu viel YANG-Energie (Hitze, Unruhe und Hektik) herrscht und YIN-Energie (Kühle, Ruhe, Gelassenheit) fehlt, für einen Ausgleich sorgt und so die Bedingungen für das Entstehen von Harmonie verbessert. Zahllose daoistische Texte enthalten Anleitungen und Methoden, die diesem Ziel dienen. Sie beziehen sich praktisch auf alle Lebensbereiche – von der Kochkunst über die Medizin bis zur Sexualität. Bis heute sind diese Vorstellungen im täglichen Leben der Chinesen fest verankert.

无为

WU WEI

Die Vorstellung von der Einheit in der Vielfalt und dem ständigen dynamischen Wechselspiel zwischen beiden, spiegelt den Wunsch der Menschen in der Frühzeit, die beängstigende Grenzenlosigkeit des Raums und Unendlichkeit der Zeit zu überwinden. Das geht nur, wenn man der Unveränderlichkeit dieser Situation den kontinuierlichen Wandel als eine Konstante gegenüberstellt. Vorbild hierfür ist die sich ständig selbst erneuernde und dennoch gleichbleibende Natur. Der Mensch als Teil der allmächtigen Natur ist diesem Wandel unterworfen, ohne ihn steuern zu können. Deshalb tut er gut daran, die Dinge geschehen zu lassen, ohne aktiv einzugreifen. Das ist es, was in Vers 2 gemeint ist, wenn es dort heißt:

> *»Daher handelt der Weise ohne zu handeln und lehrt ohne zu belehren.*
> *Die zehntausend Dinge erscheinen – er lässt sie kommen;*
> *Die zehntausend Dinge verschwinden – er lässt sie gehen.*

Er hat, aber er besitzt nichts, er handelt, aber er erwartet nichts.
Wenn alles getan ist, vergisst er sein Werk, darum ist es unzerstörbar.«

Dieses Ideal ist das genaue Gegenteil des konfuzianischen Ideals, das verlangt, dass jeder durch Selbstdisziplin, Unterordnung und unablässige Anpassung an gesellschaftliche Konventionen und Regeln seinen festen Platz einnehmen muss und diesen nicht verlassen darf (siehe oben). Diese bis heute für Konfuzianer geltenden Prinzipien können daher als ein konformistisches, autoritär geprägtes Gesellschaftsmodell bezeichnet werden, während der Daoismus liberal-antiautoritär geprägt ist, das Unkonventionelle schätzt und sogar anarchische Elemente aufweist:

»Daher forciert der Weise nichts, also kann er nicht scheitern,
Er versucht nichts festzuhalten, also kann er nichts verlieren.

Wer etwas zu erzwingen versucht, wird scheitern.
Wer etwas festzuhalten versucht, wird's verlieren.
Wenn man einer Sache hinterherrennt,
wird sie sich dem Zugriff entziehen.

Wenn man eine Sache sich selbst überlässt,
wird sie am Ende von selbst erledigt sein.«

(Vers 64)

WU WEI bedeutet wörtlich »Nicht handeln« und kann als absichtsloses »Handeln durch Nichthandeln« oder als »Handeln ohne Einzugreifen« bezeichnet werden. Nach unserer auf den Ausschluss von Gegensätzen fixierten westlichen Logik ist das ein nicht auflösbares Paradoxon. Lässt man aber die Logik beiseite und versucht, den Sinn intuitiv zu erfassen, so wird klar, was damit gemeint ist: WU WEI bedeutet keineswegs Passivität oder Nichtstun, sondern ein Tun ohne Anstrengung, d.h. die Dinge so zu nehmen, wie sie kommen bzw. sind, sie zuzulassen, ohne aktiv in den natürlichen Prozess einzugreifen *(»laissez faire«)*. Wenn eine Handlung erfolgt, soll sie intuitiv und im Einklang mit dem natürlichen Lauf der Dinge, niemals gegen ihn erfolgen. Es ist somit das Gegenteil von blindem Aktionismus, dem Agieren-Um-Der-Aktion-Willen.

WU WEI ist auch nicht das Vermeiden von Anstrengung. Vielmehr ist es ein Lebensstil, bei dem man in allen Situationen intuitiv den Weg des geringsten Widerstands wählt, nicht aus Opportunismus oder Bequemlichkeit, sondern aus dem Bewusstsein heraus, dass man das Ziel leichter erreicht, wenn man mit der Strömung statt gegen sie agiert – wie ein erfahrener Fährmann, der sein Boot über einen Fluss mit starker Strömung steuert und sich diese zunutze macht, indem er nur so viel tut, wie unbedingt erforderlich ist, um das Boot sicher auf die andere Seite zu bringen.

WU WEI ist mit anderen Worten der Lebensstil des Menschen, der dem DAO folgt: Das Ziel ist es, das Handeln in eine Verbindung zu den Gesetzen des DAO zu bringen, d.h. eine Spontaneität im Handeln zu erreichen, die aus dem Eins-Sein mit der Natur und dem

Kosmos folgt. Menschen, die dieses Bewusstsein erreicht haben, denen es gewissermaßen »zur zweiten Natur geworden« ist, können das WU WEI-Prinzip anwenden, indem sie ihm spontan und ohne nachzudenken folgen, so wie das Wasser immer dem Weg des geringsten Widerstands folgt:

»Das Sanfte überwindet das Harte,
das Körperlose durchdringt das Festgefügte.
Daran erkennt man den Wert des Nichthandelns.
Belehren ohne Worte, etwas vollbringen ohne zu handeln
nur wenigen gelingt es, hiernach zu leben«

(Vers 43)

Durch Nichtagieren im Sinne von WU WEI kommen wir in Übereinstimmung mit den »zehntausend Dingen«, weil wir so ihr wahres Wesen erkennen und uns aneignen können. Auf diese Weise verschwindet die Trennung zwischen uns und ihnen (Subjekt und Objekt) und zwischen Denken und Fühlen. Dadurch wird schließlich der Zustand vollkommener Harmonie, die auch als Erleuchtung bezeichnet werden kann, erreicht.

WU WEI hängt daher eng mit dem Thema des Loslassens, Vergessens und Verlierens zusammen, als Voraussetzung für das Erreichen der inneren Leere und der inneren Harmonie, die ihrerseits die Voraussetzung für die Befreiung von allen destruktiven Tendenzen und Leidenschaften, Egoismus und Arroganz ist. Vorbild ist der Weise, der alle weltlichen Ablenkungen und Bequemlichkeiten, ebenso wie das Herumreisen und sonstige Aktivitäten aufgegeben hat und dem Weg des DAO folgt:

»Ohne vor die Tür zu treten,
erkenne ich das gesamte Universum.
Ohne aus dem Fenster zu schauen,
erkenne ich das Wirken des DAO
Je mehr die Menschen wissen,
desto weniger begreifen sie.
Deshalb weiß der Weise alles
ohne sich von seinem Platz zu entfernen,
erklärt alles, ohne es zu betrachten,
erledigt alles, ohne zu handeln«

(VERS 47).

Indem er nichts betreibt, betreibt er alles. Indem er den »zehntausend Dingen« ihren Lauf lässt, d.h. weder eingreift noch irgendetwas forciert, bewirkt er, dass die Kräfte des QI sich frei entfalten können (s.o.). Er ruht in der Mitte des Geschehens und wahrt so die innere und äußere Balance.

Im Daodejing wendet sich Laozi in erster Linie an den weisen Herrscher. In VERS 3 empfiehlt er ihm, das Prinzip des Nichthandelns als den Weg des DAO zu verwirklichen:

»Der Weise lenkt, indem er die Menschen nicht belehrt,
sondern ihre elementaren Bedürfnisse zufriedenstellt.
Er dämpft ihren Egoismus, aber stärkt ihre Willenskraft.
Indem er sie davon abhält, unnützes Wissen anzusammeln
und ihren Begierden zu folgen, lehrt er sie nicht zu handeln.
Übe Dich im Nichthandeln – so bleibt nichts ungetan.«

Da Laozi zur Zeit der »Streitenden Reiche« (5./4. Jahrhundert vor Christus) lebte, in der die einzelnen chinesischen Fürstentümer miteinander unerbittlich um die Vorherrschaft kämpften, wäre zu erwarten, dass seine Empfehlungen an den jeweiligen, von ihm beratenen Herrscher eher martialischer Art waren, also Ratschläge enthielten, wie er seine Gegner effektiver bekämpfen und vernichten könne. Das Gegenteil ist der Fall.

Der Kern seiner Botschaft ist rein pazifistisch – nach dem Motto »*Der beste Krieg ist ein verhinderter Krieg*«. Ein Angriff ist abzuwehren, aber der Sieg ist kein Grund zum Feiern, schon wegen der gefallenen eigenen Soldaten. Daher der Ratschlag Laozis:

> *»Veranstalte Deinen Triumphzug wie ein Begräbnis.«*

In Vers 31 heißt es:

> *»Waffen sind Werkzeuge der Zerstörung,*
> *deren Einsatz der weise Herrscher nicht anstrebt.*
> *Er besitzt sie, aber benutzt sie nur im Notfall.*
> *Er verherrlicht sie nicht, denn wer sie verherrlicht,*
> *verherrlicht auch das Töten von Menschen.«*

Und in Vers 68:

> *»Ein guter Heerführer führt ohne die Absicht den Gegner zu vernichten.*
> *Er besiegt seine Gegner, aber demütigt sie nicht,*
> *sondern erweist ihnen Respekt.*

Darin liegt wahre Tugend: die Mittel, die man hat, einzusetzen,
aber dabei Maß zu halten und dadurch die Regeln des DAO zu befolgen.«

Krieg darf niemals das Ziel der Politik sein. Krieg ist vielmehr das Ergebnis verfehlter Politik. Waffen sind in erster Linie zur Abschreckung, d.h. Kriegsvermeidung wichtig. Der weise Herrscher sieht davon ab, sie einsetzen, außer im äußersten Notfall.

Hier trifft man wieder auf eine der typischen daoistischen Paradoxien: Waffen erfüllen ihren Zweck am besten, wenn sie nicht benützt werden – nur so bleiben sie intakt und verletzen niemanden. Das Militär wird gebraucht, sollte aber möglichst nicht eingesetzt werden. Wird es doch eingesetzt, so sind Verluste und hohe Kosten unvermeidlich.

Deshalb ist es am besten, die Dinge auf sich zukommen zu lassen, ohne vorschnell einzugreifen. Ein daoistischer Befehlshaber wird dieser Philosophie folgend eine defensive Strategie wählen und jede aggressive Aktion vermeiden. Indem er seine Leidenschaft ausschaltet und sich nicht aus der Reserve locken lässt, hält er den Gegner in ständiger Unruhe und Bewegung, bis dieser sich verstrickt, seine Kräfte erschöpft sind und er leicht zu besiegen ist.

Und in Vers 69 heißt es:

»Eine Weisheit des Kriegshandwerks lautet:
Im Zweifel ist besser abzuwarten, als vorschnell anzugreifen,
und einen Meter zurückzuweichen, als einen Fuß vorzurücken.

Das nennt man vorwärts gehen ohne vorzurücken,
erobern ohne Waffen zu gebrauchen,
den Gegner besiegen, ohne ihn zu vernichten.«

Diese Gedanken bilden die Grundlage aller chinesischen und sonstigen fernöstlichen Kampfsportarten (wie Kungfu, Karate, Judo und Aikido), bei denen es das Ziel ist, die Kraft des Gegners auszunutzen, indem man ihm ausweicht und sie gegen ihn lenkt.

Als ein historisches Beispiel für die Effektivität dieser Vorgehensweise mag – auch wenn daoistisches Denken hierbei keine Rolle gespielt hat – der Russland-Feldzug der napoleonischen Armee im Jahr 1812 dienen: Napoleon marschierte mit über 200.000 Soldaten, der größten Armee, die die Welt bis dahin gesehen hatte, in Russland ein, um es zu erobern. Die russischen Truppen stellten sich nicht dem Kampf mit der überlegenen Grande Armee, sondern zogen sich im Gegenteil immer weiter zurück, je weiter Napoleon vorrückte und überließen so der kaiserlichen Armee ein riesiges Territorium praktisch ohne Gegenwehr.

Als Napoleon vor Moskau stand, setzten sie ihre Hauptstadt in Brand und wichen ihm aus, so dass er sie zwar in Besitz nehmen und in Brand stecken, aber sein Ziel, die Vernichtung der russischen Streitmacht, nicht erreichen konnte. Da sie alle Vorräte bei ihrem Rückzug mitgenommen hatten und der Winter jedes weitere Vorrücken Napoleons unmöglich machte, blieb ihm nichts anderes übrig, als – nachdem der Zar die Aufforderung zur Kapitulation unbeantwortet ließ – den Rückweg anzutreten. Nur jeder zehnte Soldat der Grande Armee überlebte den Russland-Feldzug. Dies war der Anfang vom Ende der napoleonischen Hegemonie in Europa.

Dass die Problemlösung nicht in im Wegschauen oder Weglaufen bestehen kann, hat Zhuangzi in der Erzählung »*Flucht vor dem eigenen Schatten*« vorweggenommen:

> »*Ein Mann ärgerte sich darüber, dass sein eigener Schatten und seine eigenen Fußspuren ihn auf Tritt und Schritt verfolgten. Er überlegte lange, wie er beides loswerden könnte. Schließlich fand er eine Lösung: Am einfachsten wäre es, dachte er, einfach vor ihnen wegzulaufen. Also lief er los. Aber jedesmal, wenn seine Füße beim Laufen den Boden berührten, waren da wieder seine Fußspuren und sein Schatten verfolgte ihn, wohin er auch lief. Er führte das darauf zurück, dass er nicht schnell genug gelaufen war. Also lief er immer schneller und schneller ohne anzuhalten, bis er schließlich tot zu Boden fiel. Hätte er einfach nur ein schattiges Plätzchen aufgesucht und sich ausgeruht, wäre sein Schatten verschwunden und es hätte keine Fußspuren mehr gegeben. Aber ebendies fiel ihm nicht ein.*«

Was Zhuangzi damit sagen will, ist offenbar, dass die Natur sich nicht überlisten lässt, d.h. dass die Vorstellung die Naturgesetze (Licht und Schatten oder die Schwerkraft, die beim Laufen Fußspuren erzeugt) außer Kraft setzen zu können, absurd ist und letztlich zum Untergang führt.

Das WU-WEI-Prinzip ist mit dem im Westen seit dem Beginn der Industrialisierung herrschenden Leistungsprinzip, dem Streben nach Erfolg und Wachstum um jeden Preis und dem daraus folgenden Konkurrenzkampf mit dem Ziel, auf der sozialen Leiter möglichst schnell nach oben zu kommen, nicht zu vereinbaren. Wachstumsfetischismus und extremer Materialismus sind der Grund für alle mit der Industriegesellschaft verbundenen Probleme, insbesondere stressbedingte Krankheiten, die Umweltzerstörung und der daraus folgende Klimawandel. Leider hat China dieses ausschließlich an materiellen Werten orientierte Denken nicht nur übernommen, sondern auf Kosten der Umwelt auf die Spitze getrieben und dadurch seine (daoistische) Seele verloren.

德

DE

DE bedeutet Tugend, Anstand, sittlich korrektes Verhalten. (Das chinesische Wort für Deutschland »Deguo« bedeutet wörtlich übersetzt »Land der Tugend«.) In der Verbindung mit DAO bedeutet es Moral. Man könnte also annehmen, dass die daoistische Lehre eine Morallehre ist. Wenn man unter DE Moral im engeren Sinne (Rechtschaffenheit, Anständigkeit) versteht, ist diese Annahme falsch. Wenn man unter DE einen sehr viel weiteren Begriff subsumiert, der alles umfasst, was zu einem sinnvollen, nicht allein am eigenen Vorteil sondern an der Natur orientierten Leben gehört, ist sie zutreffend.

Wie schon erwähnt richtet sich das Daodejing in erster Linie an den weisen Herrscher. Seine Aufgabe ist es, die Lebensgrundlage der Menschen zu sichern und so für ihre Zufriedenheit zu sorgen. Wenn keine Unzufriedenheit entsteht, ist der Zusammenhalt der Gemeinschaft und dadurch ein Leben ohne Neid, egoistische Begierden und Unruhe gesichert. Darauf – nicht auf der von Konfuzius geforderten Anpassung und Unterordnung – basiert die gesellschaftliche Ordnung. So heißt es schon in Vers 3:

»Der Verzicht auf die Verleihung von Privilegien
hält die Menschen davon ab, sich zu bekämpfen.
Der Verzicht auf das Ansammeln von Reichtümern
hält die Menschen davon ab, sich zu bestehlen.«

Deshalb empfiehlt das Daodejing dem weisen Herrscher, sein Volk in materieller Hinsicht vor dem Schlimmsten (Hunger) zu bewahren und dafür zu sorgen, dass keine unerfüllbaren Wünsche entstehen, die zur Unruhe und Unordnung führen könnten, ansonsten aber so zu regieren, *»wie man kleine Fische brät«* (Vers 60), d.h. nur das Nötigste zu tun und überflüssige Aktionen und Gesetze zu vermeiden.

»Der weise Herrscher handelt ohne Tun und ohne Übertreibung.
Er beachtet auch das, was am Rande liegt und nimmt es ernst.
Er stellt sich dem Schwierigen solange es noch einfach ist
und erledigt schwierige Aufgaben langsam Schritt für Schritt.

Er greift nicht nach dem Großen und erlangt dadurch Größe.
Wenn er auf Schwierigkeiten stößt, macht er Halt und löst sie.
Er orientiert sich nicht an dem eigenen Vorteil und Bequemlichkeit.
So lassen sich alle Schwierigkeiten erfolgreich lösen.«

(Vers 63)

Gleichzeitig ist das Daodejing auch eine Anleitung zum naturgemäßen Leben im Einklang mit dem DAO und damit zum Maßhalten und zur Mäßigung, die sich an jeden richtet. Es geht darum, auf oberflächliche Sinnesreize und kurzfristige hedonistische Triebbefriedigung zu verzichten und sich auf das Wesentliche zu konzentrieren.

»Farben machen das Auge blind,
Töne machen das Ohr taub,
Gewürze stumpfen den Geschmackssinn ab.
Die Sinne verwirren den Geist,
Begierden korrumpieren das Herz.

Daher beobachtet der Weise die Welt
und verlässt sich auf seine Intuition.

Er lässt die Dinge kommen und gehen.
Sein Sinn für das Ganze gibt ihm die Richtung«
(Vers 12)

Der Daoismus ist keine Religion, sondern eine Lebensphilosophie, die auf Zurückhaltung und Verzicht auf Überheblichkeit größten Wert legt, also das Ideal »Mehr sein als scheinen« propagiert – ohne hierbei den moralischen Zeigefinger zu erheben. Geistige Führung geht von der Natur und dem Vorbild der »Weisen« oder »Meister« aus, die ihr Wesen (DAO) erfasst haben und verkörpern.

Auf Moral und Ethik liegt demgegenüber in der daoistischen Lehre keine besondere Betonung, weil derjenige, der ihr folgt, d.h. im Einklang mit der Natur lebt und handelt, von selbst moralisch und ethisch »richtig liegt«. Hier wird der fundamentale Unterschied deutlich, der zwischen dem Daoismus einerseits und den großen Religionen, insbesondere dem Judentum, dem Christentum und dem Islam mit ihren strengen Moralvorschriften und Strafandrohungen für »Sünder« (zehn Gebote, Koran) andererseits besteht.

Moral, Ethik und richtiges Handeln im Geiste des DAO sind also ein und dasselbe. Deshalb beschränkt das Daodejing sich auf einige grundlegende Empfehlungen, ohne deren Nichtbefolgung mit irgendwelchen Strafen oder Sanktionen zu belegen.

»Gebt die Verehrung von Heiligem und Wissen auf
und das Leben wird hundertmal einfacher.
Vermeidet Arroganz und Überheblichkeit
und das menschliche Miteinander kehrt zurück.
Verzichtet auf akademische Gelehrsamkeit und Dünkel
und niemand muss sich dem Anderen unterlegen fühlen.
Gebt geschäftliches Planen und Profitdenken auf
und die Diebe und Betrüger werden arbeitslos.

Aber diese Ratschläge illustrieren nur, worum es eigentlich geht:
Stellt das Einfache und Natürliche in den Mittelpunkt,
gebt dem Egoismus keinen Raum
und lasst euch nicht vom Wunschdenken leiten.«
(VERS 19)

Auch hierin liegt eine deutliche Ablehnung des Konfuzianismus, der Bildung und Gelehrsamkeit eine entscheidende Bedeutung zumisst (alle Beamten mussten extrem schwere Prüfungen durchlaufen, in denen es auf die Kenntnis der Klassiker ankam, um befördert zu werden) und einen Kanon von verbindlichen Regeln geschaffen hatte, durch die die Pflichten des Einzelnen gegenüber der Gemeinschaft bis ins kleinste Detail normiert waren. Die Befolgung dieser Regeln galt als tugendhaftes Verhalten und Voraussetzung für den gesellschaftlichen Aufstieg. Die Nichtbefolgung führte zu erheblichen, später kaum noch korrigierbaren Nachteilen. Während das daoistische Ideal das Loslassen und die Besinnung auf die eigenen Überzeugungen und Werte ist,

> *»Hör auf zu denken und vergiss Deine Probleme,*
> *worin unterscheiden sich denn Ja und Nein,*
> *Erfolg und Misserfolg?*
> *Musst Du wirklich alles gut finden, was andere gut finden*
> *und schlecht, was andere schlecht finden? Wie lächerlich!«*
>
> (Vers 20)

ist das Wesen des Konfuzianismus die Eingliederung des Einzelnen in die Gesellschaft und die Unterwerfung unter Regeln und Autoritäten, also ein konformistisches Verhalten. Dadurch wurde jedes – für Daoisten heilige – spontane Verhalten unterbunden, die Anpassung an das Kollektiv gefördert und eine Aufspaltung der Gesellschaft in »gute« (konformistische) und »schlechte« (unangepasste), privilegierte und unterpriviligierte Menschen erreicht. Bis heute ist dieses starre konfuzianistische Ideal der Unter- und Überordnung in der chinesischen Politik und Gesellschaft wirksam. Das Kollektiv ist alles, der Einzelne ist nichts.

Dem setzten die Daoisten die Allgegenwart der mit diesem Ideal unvereinbaren Gesetze des DAO entgegen. Der Maßstab für richtiges, mit diesen Gesetzen im Einklang stehendes Verhalten liegt in jedem Einzelnen, der den Weg des DAO geht (»*Der Weg entsteht beim Gehen unter den Füßen*«), nicht in den von Menschen geschaffenen Regeln. Dabei liegt die Betonung auf Selbsterkenntnis, Selbstbeherrschung und Empathie, d.h. der individuellen Persönlichkeit des Einzelnen:

> »*Drei Schätze habe ich, die ich schütze und bewahre:*
> *Zuerst kommt das Mitgefühl, dann die Genügsamkeit*
> *und schließlich die Selbstbeherrschung.*
> *Durch Mitgefühl entsteht Überlegenheit,*
> *durch Genügsamkeit wächst der Wohlstand*
> *und Selbstbeherrschung ist der Schlüssel zur Macht.*
> *Aber: Überlegenheit ohne Mitgefühl,*
> *Wohlstand ohne Genügsamkeit und*
> *Machtausübung ohne Selbstbeherrschung*
> *führen* ins *Verderben.*«
>
> (VERS 67)

Zwischen Verstand und Gefühl systematisch zu unterscheiden und beides zu trennen, so als ob das eine mit dem anderen nichts zu tun hätte, ist eine westliche »Errungenschaft«, die keine Entsprechung in der daoistischen Philosophie hat. Nach chinesischer Vorstellung setzt moralisch richtiges Verhalten stets die Berücksichtigung beider Ebenen voraus. So bedeutet das Zeichen *xin* im Chinesischen sowohl »Herz« und »Gefühl« wie auch »Denken« und »Verstand«. In dem neuerdings häufig verwendeten Begriff »emotionale Intelligenz« kommt zum Ausdruck, dass auch hierzulande ein Umdenken hin zu einem integrativen Verständnis stattgefunden hat.

Der »Mann des DAO« ist kein Streber oder Tugendbold, sondern ein entspannt in sich ruhender, authentischer Mensch, der im Hier und Jetzt lebt und weiß, dass sämtliche Lebensaspekte in enger Beziehung zum DAO stehen.

Der auch als »*Weiser*« oder »*Meister*« bezeichnete »Mann des DAO« ist das Vorbild, dem die Menschen folgen sollen:

> *»Er beachtet das DAO um ein Vorbild sein zu können.*
> *Er bleibt im Hintergrund und ist deshalb allgegenwärtig.*
> *Er ist nicht rechthaberisch und wird deshalb respektiert.*
> *Er verfolgt kein Ziel und erreicht deshalb alles von selbst.*
> *Er ist nicht geltungssüchtig und ist deshalb ein Vorbild für alle.*
>
> (VERS 22)

Die in der letzten Zeile genannte Tugend altruistischen (uneigennützigen, selbstlosen) Verhaltens wird von Zhuangzi noch um einen weiteren Aspekt ergänzt:

> *»Er handelt nicht eigennützig – ohne diejenigen zu verachten, die sich vom Eigennutz leiten lassen.*
> *Er strebt nicht nach Geld und Reichtum – ohne die Armut zum Vorbild zu machen.*
> *Er geht seinen Weg allein – ohne hierfür Beifall zu erwarten*
> *Er schließt sich nicht der Masse an – ohne diejenigen zu verachten, die dies tun.«*

Neben der Betonung des Respekts vor der Natur sind es diese »humanistischen« Maximen, die den Daoismus so modern erscheinen lassen, dass man sich fragt, warum er nicht längst weltweit die Rolle eines intellektuellen Leitbilds spielt, die ihm zukommt. Seine Botschaft erscheint gerade in einer Zeit, die durch militärische Auseinandersetzungen auf allen Kontinenten, die Rückkehr irrationaler Heilsbotschaften diverser Weltreligionen und das chaotisch-destruktive Auftreten krankhafter Egozentriker wie Donald Trump geprägt ist, als wegweisend und universell vorbildlich. Es wäre zu wünschen, dass nicht nur die Machthaber in China, den USA und Russland, sondern alle für das Schicksal des Planeten Verantwortlichen berücksichtigen, was Laozi vor zweieinhalb Jahrtausenden der Nachwelt im 76. Vers ins Stammbuch geschrieben hat:

> *»Schwach und verletzlich – so kommt der Mensch auf die Welt,*
> *aber hart und abgestumpft – so verlässt er sie wieder.*
> *Am Anfang ist alles Lebendige weich und biegsam,*
> *aber hart und starr, wenn es vergeht.*
> *Härte und Starrheit sind die Gefährten des Todes,*
> *Weichheit und Biegsamkeit sind die Gefährten des Lebens.*
> *Das Harte und Unnachgiebige führt nirgendwohin,*
> *aber das Weiche und Nachgiebige führt zum Erfolg.«*

生死

SHENG SI

An mehreren Stellen des Daodejing wird die Bedeutung der Sanftheit – das Gegenteil von Starrheit –, die für Geschmeidigkeit, Anpassungsfähigkeit und Nachhaltigkeit, d.h. das Leben (SHENG), steht, betont, während Letztere für das Absterben des Lebendigen, d.h. den Tod (SI) steht. Ein Argument für die Richtigkeit dieser scheinbar paradoxen Auffassung ist die Tatsache, dass es bei einem Unwetter oft die ältesten und stärksten Bäume sind, die entwurzelt oder geknickt werden, während ein junger Baum den Sturm aufgrund seiner Biegsamkeit ohne weiteres übersteht.

Diese Erkenntnis ergibt sich anschaulich aus der Beobachtung fließender Gewässer. An mehreren Stellen des Daodejing wird der Lauf des Wassers, dessen hervorstechendsten Eigenschaften die alle Hindernisse überwindende Liquidität und dynamische Kraft sind, als Leitbild hervorgehoben. So heißt es in Vers 78:

> *»Nichts auf der Welt ist so weich und flexibel wie das Wasser.*
> *Und doch kann nichts so gut das Harte und Unflexible auflösen.*

Das Weiche besiegt das Harte, das Nachgiebige überwindet das Starre«

Der Lauf des Wassers, das alle Hindernisse ohne Anstrengung umfließt, gleicht dem unsichtbaren Energie-Fluss des QI. Die Gewinnung überlegener Kraft resultiert für die Daoisten aus der Beachtung des DAO und der Balance von YIN und YANG in allen Situationen und Lebensbereichen.

»Wer im Einklang mit dem DAO ist, gleicht einem neugeborenen Kind,
seine Knochen sind weich, seine Muskeln sind schwach, aber sein Griff
ist kraftvoll.
Dem gleicht die Kraft der Weisen. Sie lassen die Dinge kommen und gehen,
ohne sich anzustrengen und ohne bestimmte Erwartungen zu hegen.
Deshalb können sie nicht enttäuscht werden und ihr Geist altert nie.«

(VERS 55)

Der ständige Wandel von Entstehen und Vergehen, Leben und Tod ist das oberste Gesetz der Natur (DAO). Deshalb geht es darum, beides gelassen und leidenschaftslos als naturgegeben zu akzeptieren, wie durch die folgende Geschichte illustriert wird[8]:

»Als Chuangzis Frau starb, begab sich Huizi zu seinem Haus, um an den Trauerzeremonien teilzunehmen. Zu seiner Überraschung fand er Zhuangzi mit einem Tontopf auf den Knien vor dem Haus sit-

8 zitiert nach A. Waley, a.a.O. Seite 19

> zend, einen Takt darauf klopfend und leise ein Lied dazu singend. Huizi sagte vorwurfsvoll: ›Immerhin hat deine Frau lange mit Dir zusammengelebt, eure Kinder aufgezogen und ist mit dir zusammen alt geworden. Dass du nicht um sie trauerst, ist schlimm genug, aber dass deine Freunde dich beim Trommeln und Singen antreffen, das geht zu weit!‹ Darauf erwiderte Zhuangzi: ›Als sie starb, war ich verzweifelt wie jeder andere Mann, aber nachdem ich über das Geschehene nachdachte, sagte ich mir, dass uns mit dem Tod kein schreckliches Schicksal trifft. Im Anfang haben wir weder Leben noch Gestalt, weder Gestalt noch Seele, denn wir sind ursprünglich Teil der großen ununterscheidbaren Einheit. Dann kam die Zeit, in der sich daraus eine Gestalt und daraus das Leben entwickelten. Und nun ist das Leben dem Tod gewichen. Nicht nur die Natur, auch das Dasein der Menschen hat seine Gezeiten, die Abfolge von Frühling und Sommer, Herbst und Winter. Wenn jemand müde ist und sich hingelegt hat, so lassen wir ihn in Ruhe. Die, die ich verloren habe, hat sich für eine Weile hingelegt, um in dem großen, leeren Raum zu schlafen. Wenn man ihre Ruhe durch Klagen und Trauerbekundungen stört, so würde das nichts ändern und nur beweisen, dass man nichts von dem obersten Gesetz der Natur verstanden hat.‹«

Wer dieses Gesetz verstanden und in sein Leben integriert hat, muss keine Angst vor dem Tod haben. Umgekehrt gilt: »Wer vom Leben nichts weiß, wie sollte der den Tod kennen.«[9] (Konfuzius) Anders als Konfuzius hatten die frühen Taoisten mit Geisterglauben nichts im Sinn. Die Abfolge von Leben und Tod war für sie

9 Lunyu 11.12

nichts weiter als Ausdruck des universellen Prinzips permanenten Wandels des QI und von YIN und YANG, das die Welt beherrscht.

In Zhuangzis Parabel vom »*Schmetterlingstraum*« (siehe oben) heißt es einleitend:

> »*Woher weiß ich, ob unsere Vorstellung vom Leben nicht eine Illusion ist und die Furcht der Menschen vor dem Tod nicht ein Irrtum? Sie wissen nicht, dass sie heimkehren. […] Woher soll ich wissen, ob die Verstorbenen ihr früheres Hängen am Leben nicht bereuen? […] Das große Erwachen wird kommen und dann werden wir wissen, ob das Leben nur ein langer Traum war. Einst träumte ich, ich sei ein Schmetterling …*«

Da der ständige Wandel das Grundthema des Daoismus darstellt und die Abfolge von Leben und Tod – neben dem Wechsel von Tag und Nacht, sowie der Jahreszeiten – und die sichtbarste Manifestation dieses universalen Prinzips ist, ging es darum, sich diesem Prinzip nicht zu widersetzen, sondern den Tod als »das Normalste von der Welt« in seine Vorstellungen zu integrieren, ja zu begrüßen. Dabei war den alten Chinesen die Vorstellung von einem Leben nach dem Tod grundsätzlich fremd. Auch der Ahnenkult spielte bei ihnen keine Rolle.

Einige gingen sogar sehr locker mit dem eigenen Tod um. So wird von einem hohen Würdenträger im Dienste des Herrschers von Wu (181–252) berichtet, der den Wein über alles geliebt und – als er den Tod nahen fühlte – zu den Seinen gesagt haben soll:

> »*Ich möchte in der Nähe einer Töpferwerkstatt begraben werden. In hundert Jahren könnte ich*

in Erde verwandelt sein. Wenn ich Glück habe, lande ich auf der Töpferscheibe und der Töpfer macht einen Weinkrug aus mir. Das würde mein Herz sehr fröhlich stimmen.«[10]

Schon zu Laozis und Zhuangzis Lebzeiten hatte diese indifferente Einstellung zum Tod allerdings längst damit begonnen, sich radikal zu ändern. Bereits der erste Kaiser Chinas, Chin Shi-huang ti (221–210 v. Chr.), unter dem die bis dahin zerstrittenen Teilstaaten erstmals zu einem Staat vereinigt wurden (und auf dessen Name der Name »China« zurückgeht), verfolgte mit allen Mitteln das Ziel, unsterblich zu werden. Er war besessen von der Idee, ein Lebenselixier zu finden, durch das er dieses Ziel erreichen konnte.

Die alten Chinesen stellten sich vor, dass jeder Mensch zwei Seelen besäße, die durch den Körper zusammengehalten werden. Die Hun-Seele kam vom Himmel und kehrte tendenziell dorthin zurück, während die Po-Seele aus der Erde stammte und in sie zurückstrebte. Es bedurfte also zwei verschiedener Elixiere: Eines um das Entweichen der Hun-Seele zu verhindern und eines um das Verschwinden der Po-Seele zu blockieren. Dieser Glaube veranlasste die Herrscher, noch zu Lebzeiten anzuordnen, dass nach ihrem Tod die neun Körperöffnungen mit Gold und Jadeplättchen verschlossen werden sollten. Totenhemden aus Jadeplatten und Gold sollten den Körper vor der Zersetzung bewahren.

Chin Shi-huang ti hatte ein außergewöhnliches Interesse an diesen und allen anderen Unsterblichkeitslehren und fühlte sich bei den Daoisten wegen ihrer Orientierung an natürlichen und übernatürlichen Phä-

10 zitiert nach G. Linck, a.a.O., Seite 54

nomenen besser aufgehoben als bei den Konfuzianern mit ihrer formalistischen Strenge und Betonung der Konventionen und Riten.

Deshalb beauftragte er die Daoisten mit der Suche nach dem Unsterblichkeitselixier oder anderen lebensverlängernden Mitteln. Da er sie mit Gold bezahlte, entwickelte sich daraus eine fieberhafte Suche nach lebensverlängernden Mitteln und Praktiken, die zu einem Kennzeichen des späteren Daoismus geworden sind. Dazu gehörten neben rituellem Fasten, akribisch geregelter Ernährung und Einnahme pflanzlicher und mineralischer Wirkstoffe, sowie speziellen Atemübungen, insbesondere auch besondere Sexualpraktiken, die auf die Steigerung des »inneren QI« (Lebensenergie) zielten.

Dies alles ist von dem von den frühen daoistischen Philosophen vertretenen Ideal des sich absichtslos den Kräften des YIN und YANG Anvertrauens und nicht in den natürlichen Lauf der Dinge Eingreifens (WU WEI) extrem weit entfernt. Die egozentrischen Versuche, die Natur durch derartige Praktiken zu überlisten, hätten Laozi und Zhuangzi mit Sicherheit dazu veranlasst, sich eindeutig davon zu distanzieren.

So verwundert es auch nicht, dass Zhuangzi sich über bestimmte Praktiken zeitgenössischer Anhänger dubioser Lebensverlängerungstheorien lustig gemacht hat. In Kapitel 15.1 heißt es:

> *»Blasen und Inhalieren, einatmen und ausatmen, das Alte ausspucken und das Neue aufnehmen, Tappen wie ein Bär und Sich-Strecken wie ein Vogel – dies alles nur um der Unsterblichkeit willen!«*[11]

11 zitiert nach G. Linck, a.a.O.

Das Vorstehende gilt nicht nur für das im Folgenden kurz dargestellte, erst wesentlich später entwickelte TAI JI CHUAN, dessen Ziel zwar auch die Intensivierung der Lebensenergie (QI) ist, aber nicht um die Unsterblichkeit zu erreichen, sondern um bewusster im Hier und Jetzt im Einklang mit den Gesetzen von DAO und YIN-YANG zu leben, sondern auch für die Kunst des FENG SHUI.

II.

太极

TAI JI

TAI JI CHUAN (kurz: TAI JI), in dem sich Elemente der Kampfkünste mit spirituellen Elementen (»innere Künste«) verbinden und das auf den Prinzipien des YIN-YANG basiert, ist nach daoistischer Vorstellung eine wirksame Methode zur Stärkung und Kontrolle des QI. Die energetische Grundlage allen Lebens, die in den oben dargestellten taoistischen Prinzipien zum Ausdruck kommt, hat in den Bewegungsformen des TAI JI gewissermaßen Gestalt angenommen. Der tiefere Sinn des TAI JI, die körperliche, mentale und emotionale Energie (QI) durch Konzentration zu bündeln, ist im Westen allerdings kaum bekannt, ebenso wenig wie sein Ursprung im Taoismus.

Sein Gründungsmythos geht auf einen chinesischen Mönch, Zhang Sanfeng, zurück, der im 12. oder 13. Jahrhundert in einem Kloster auf dem Berg Wudan Shan lebte. Eines Tages beobachtete er den Kampf zwischen einem Kranich und einer Schlange. Der Kranich erhob sich immer wieder mit einigen Flügelschlägen und stürzte sich dann mit seinem langen Schnabel von oben auf die Schlange. Diese wich ihm geschickt durch blitzschnelle Bewegungen aus und verharrte in defensiver Stellung bis zum nächsten Angriff, um auch diesen durch ihre Reaktionsschnelligkeit und Beweglichkeit zu parieren. Dieser Tanz setzte sich über eine Stunde fort, bis der Kranich endlich ermüdet und entnervt aufgab.

Zhang Sanfeng verstand, dass in der Natur das Flexible und Nachgiebige das Harte und Unbewegliche besiegt, so wie das weiche Wasser den härtesten Stein aushöhlt. Auf dieser Grundlage entwickelte er eine erste systematische Beschreibung des TAI JI, in der es heißt:

> »Bei jeder Bewegung soll der Körper leicht und beweglich und alle seine Teile sollen wie Perlen auf einer Schnur miteinander verbunden sein. Das QI soll fließen, doch der Geist soll ruhig sein. Kein Teil des Körpers darf zurückstehen oder hervortreten, die Bewegungen dürfen nicht unterbrochen werden noch ungleichmäßig sein. Die Energie wurzelt in den Füßen, strömt durch die Beine, wird durch die Hüfte gelenkt und wirkt durch die Hände. Bei allen Bewegungen müssen Füße, Beine und Hüfte als Einheit handeln, dann wirst Du beim Vorgehen wie beim Zurückweichen überlegen sein und die beste Stellung finden [...] Der Geist leitet alle Bewegungen, nicht der Körper, sonst bleiben sie ohne inneren Zusammenhang.«

Bei den TAI JI-Übungen, die bestimmten, von chinesischen TAI JI-Meistern entwickelten Mustern (Formen) folgen, ist die Kontinuität des Bewegungsablaufs und die Koordination der Bewegungen mit der Atmung entscheidend. Je absichtsloser und intuitiver man hierbei vorgeht, desto besser gelingt es, eine innere Balance und Standfestigkeit zu erreichen. Es kommt darauf an, eine Bewegung fließend und ohne Unterbrechung in eine andere übergehen zu lassen und gleichzeitig das »*Atmen ohne* (bewusstes) *Atmen*« zu üben. (Letzteres wird auch als »*embryonales Atmen*« oder »*ursprüngliches Atmen*« bezeichnet).

Dabei verschmelzen Geist und Körper in dem Maße, in dem der Übende sich auf die bis ins kleinste Detail vorgeschriebenen Bewegungsfolgen konzentriert, ohne an etwas Anderes zu denken. Aus dem gezielten Steuern der Bewegungen wird mit der Zeit ein absichtsloses »Gleiten«, das wie von selbst geschieht (*Ziran*), sodass der Eindruck entsteht, dass ein Rollentausch stattfindet: Im Idealfall lenkt nicht der Übende die Bewegungen, sondern die Bewegungen und das dahinter stehende Prinzip lenken ihn.

TAI JI wird hierzulande oft als »Meditation durch Bewegung« bezeichnet. Unter Meditation wird meistens eine innere Sammlung zum Zweck des Abschaltens und der Regeneration unter Ausschaltung von Umwelteinflüssen verstanden. Taoistische Meditation, das sei an dieser Stelle erläutert, geht allerdings weit darüber hinaus und zielt auf die Eins-Werdung mit den »zehntausend Dingen«, d.h. auf die höchste Harmonie (Erleuchtung) ab. Darin gleicht sie buddhistischen Vorstellungen, in denen – insbesondere im Zen-Buddhismus – ebenfalls das »Leer-Werden«

und das »Selbstvergessen im Sitzen« (*Zuo Wang*) gepredigt werden.

Natürlich sind den TAI JI-Übenden bei uns diese philosophischen Zusammenhänge nur ausnahmsweise geläufig. Und TAI JI wird auch nicht ohne weiteres mit dieser Art von taoistischer Meditation in Verbindung gebracht – auch nicht im Mutterland des TAI JI. Aber von der ersten Stunde an spüren sie, dass es beim TAI JI um mehr geht als darum, körperliche Geschicklichkeit und Fitness zu erreichen. Sie spüren, dass es um eine dynamische, von Energie geleitete Harmonie geht, die nicht auf das eigene Körperbewusstsein beschränkt ist und dass der Weg – weil es beim Tai Ji keine Vollendung gibt -- tatsächlich das Ziel ist (oder umgekehrt).

风 水

FENGSHUI

FENGSHUI heißt wörtlich »Wind und Wasser«. Diese beiden Elemente spielen im daoistischen Denken eine zentrale Rolle. Der Lauf des Wassers (SHUI) ist das große Vorbild für die Lebensführung im Einklang mit dem DAO (s.o.) und der Wind (FENG) steht für die unsichtbare Energie des QI. »Wind und Wasser« sind daher der Inbegriff der daoistischen Verabsolutierung der Natur und ihrer Wirkkräfte (QI), denen der Mensch sich unterordnen muss, wenn er im Einklang mit den Kräften der Natur leben und Unglück vermeiden will. Daher kommt es darauf an, alles zu vermeiden, was das Wirken des QI behindern könnte, d.h. eine Atmosphäre zu schaffen, die den Energiefluss erleichtert statt hemmt.

FENGSHUI ist demnach eine »Unterabteilung« der daoistischen Lehre vom QI und YIN-YANG (s.o.) unter besonderer Berücksichtigung der wesentlich älteren »Fünf-Elemente-Lehre« (Feuer, Wasser, Metall, Erde und Holz), die in Beziehung zu den Himmelsrichtungen und Jahreszeiten stehen. In einem Text aus dem frühen 2. Jahrhundert heißt es:

»Die fünf Elemente bewegen sich in einem Kreislauf in kosmischer Ordnung und jedes von ihnen erfüllt seine besondere Aufgabe. So ist Holz im Osten angesiedelt und prägt das QI des Frühlings. Feuer ist im Süden und prägt das QI des Sommers. Metall ist im Westen und prägt das QI des Herbstes und Wasser im Norden prägt das QI des Winters [...]. Erde ist im Zentrum und wird der himmlische Ernährer genannt, die natürliche Nahrungsquelle für die vier anderen Elemente und die Menschen.«[12]

Nach daoistischer Auffassung stehen nicht nur die Jahreszeiten und Himmelsrichtungen miteinander in Beziehung, sondern auch die inneren Organe und damit die Gesundheit der Menschen. Dies sei nur der Vollständigkeit halber erwähnt, wobei der Hinweis genügen soll, dass bei ganzheitlicher Sicht das innere Körper-QI mit dem äußeren Umgebungs-QI in enger Verbindung steht. Auf eine genauere Darstellung dieses bis heute die traditionelle chinesische Medizin (TCM) bestimmenden Systems wird hier verzichtet, weil es den Rahmen dieser Darstellung sprengen würde.

Beim FENGSHUI ging es ursprünglich um die richtige, d.h. für den Energiefluss des QI günstige, das Grundprinzip des YIN-YANG und der »Fünf Elemente Lehre« berücksichtigende Wahl des Standorts und der Ausrichtung eines Tempels, einer Grabstelle, eines Hauses oder anderer Gebäude, die in einem komplizierten Ritual mit speziellen Geräten wie einem Spezialkompass (Geomanten-Kompass) erfolgte.

12 zitiert nach Chang Chung-Yuan, a.a.O., Seite 121

Dabei war es Sache des FENGSHUI-Meisters, die YIN-YANG-Situation der Umgebung (Berg und Tal) und die Einflüsse von Himmel-QI und Erd-QI zu ermitteln, um eine energetisch optimale Lösung zu finden und negative Wirkungen auszuschließen. Sein Einfluss auf die Wahl eines geeigneten Standorts und die Ausrichtung des Gebäudes, aber auch die Anordnung von Türen und Fenstern war so wichtig, »dass im Grunde nur über die FENG SHUI-Literatur etwas über Architektur und die Praxis des Bauens im vormodernen China zu erfahren ist.«[13]

Dabei ist die atmosphärisch-sinnliche Dimension, die mit den Proportionen, der Lage und Umgebung des Hauses, seinen Licht- und Temperaturverhältnissen zusammenhängt, genauso wichtig, wie die möglichst harmonische Einbettung in die Umgebung und rein praktisch-funktionale Aspekte. In der Konzentration auf die Ausgewogenheit und Ästhetik von Gebäuden, wie sie durch harmonische Proportionen nach den Prinzipien des FENGSHUI geschaffen werden kann, liegt die Anerkennung der Bedeutung der Atmosphäre für die Gefühlsebene und damit für Gesundheit, Wohlbefinden und Glück.

Ästhetik und Harmonie und das daraus für den Betrachter resultierende Wohlbefinden sind für diejenigen, die hierfür empfänglich sind, ein und dasselbe. Jeder China-Reisende steht voller Bewunderung vor den alten Tempelanlagen (z.B. im Kaiserpalast in Peking), in denen insbesondere die elegant geschwungenen, reich verzierten Dächer mit der umgebenden Natur, Bäumen, Wasserläufen und Brücken perfekt harmonieren. Auch die sorgfältig aufeinander abgestimmten, gedeck-

13 G. Linck a.a.O., Seite 106

ten Farben der Gebäude, die mit den lebhaften Farben der aufwändig verzierten und mit kleinen Figuren auf den Dachfirsten bestückten Dächer kontrastieren, verstärken den Eindruck »himmlischer Harmonie«.

Erst wesentlich später wurden die FENG SHUI-Prinzipien auch auf das Innere von Gebäuden übertragen. Wo könnte sich die Wohlfühl-Harmonie (QI) besser entfalten und durch sorgfältig platzierte Gegenstände (Möbel, Bilder, Spiegel), sowie den Gebrauch bestimmter Farben und Formen besser perfektioniert werden, als in den eigenen vier (oder mehr) Wänden – wenn durch sorgfältige Beachtung dieser Prinzipien dafür gesorgt wird, dass sie von »gutem QI« erfüllt sind und »schlechtes QI« nicht zur Wirkung kommen kann?

> »Ausschlaggebend für das Wohlbefinden sind neben dem ungehinderten Fluss des QI die spezifischen Einflüsse der vier Himmelsrichtungen, die ja ebenfalls nichts anderes sind, als spezifische QI-Manifestationen. Demnach sitzen, stehen, liegen wir am günstigsten im U, das mit Hilfe der wirkkräftigen Tiere ausgestaltet ist: Hinter uns schützt uns die dem Norden zugeordnete Schildkröte, das Symbol für unwandelbare Festigkeit und Langlebigkeit; ihr Panzer könnte eine Wand sein, die wir schützend im Rücken spüren. Nach vorne in südlicher Richtung soll der Blick in die Weite schweifen, damit der rote Phoenix, von dem die alten Chinesen annahmen, er sei ein Windtier gewesen, das ohne Hindernisse auf- und davon fliegen kann – wie das Ausatmen. Zur Rechten bewacht uns die gesammelte Kraft des weißen Tigers, der den Westen repräsentiert; hier kann eine stabile Vorrichtung, ein Schrank oder ein Tisch nicht schaden. Zur Linken soll der blaugrüne Drachen,

> Hüter des Ostens, der aufgehenden Sonne, und Inbegriff der regenerierenden Kraft, einerseits abschirmen, andererseits doch auch ausreichend Spielraum für vielfältige, positive Einflüsse lassen; hier könnte größere Pflanze stehen.«[14]

Es ist daher nicht überraschend, dass FENG SHUI seit einiger Zeit – von den USA ausgehend – eine Modeerscheinung geworden ist, die eng mit der New Age- und Esoterik-Bewegung verbunden ist. Dadurch ist sie vielfach zu ihrem Leidwesen auf das Niveau eines Lifestyle-Accessoires reduziert, bei dem die Herkunft und Bedeutung des daoistischen Hintergrunds meistens nur angedeutet und vielfach verfälscht dargestellt wird. Die Titel einschlägiger Fengshui-Ratgeber sind inzwischen unübersehbar. Sie lauten beispielsweise »*Feng Shui – Du bist, wie Du wohnst. Durch Entrümpeln zu innerer Klarheit*« oder »*Feng Shui – Leben und Wohnen in Harmonie*«. In diesen und anderen Titeln kommt zum Ausdruck, dass hierzulande FENG SHUI praktisch nur auf das Innere von Gebäuden und hier in erster Linie auf den Wohn- und Schlafbereich angewandt wird, aber bei der Standortwahl und Ausrichtung von Neubauten kaum eine Rolle spielt.

Ganz anders in China, Taiwan und Hongkong: Gerade die modernsten, aufwändigsten und spektakulärsten Hochhäuser sind Zeugen dafür, dass die FENG SHUI-Prinzipien nach wie vor (oder wieder, denn unter Mao Tsedung war FENG SHUI als »degeneriert« verboten) eine große Rolle spielen. So weist der wohl spektakulärste, im Volksmund als »Flaschenöffner« bezeichnete Wolkenkratzer Shanghais, das 492 Meter hohe Shang-

14 G. Linck, a.a.O., Seiten 107/108.

hai World Financial Center, im oberen Bereich, d.h. in einer Höhe von über 400 Metern ein riesiges, rechteckiges Loch in der Größe eines einstöckigen Hauses auf, das keine erkennbare Funktion hat, aber einen Verzicht auf die Einnahmen aus der Vermietung einer entsprechend großen, extrem teuren Bürofläche bedeutet. Dies ist offensichtlich eine Konzession an die FENG SHUI-Prinzipien, durch die der Energiefluss gesichert werden soll und zeigt, wie ernst FENG SHUI bis heute in China genommen wird. Ein ähnliches, monumentales Gebäude mit einem riesigen »Drachentor« genannten FENG SHUI-Öffnung steht in Hong Kong unmittelbar am Ufer des Repulse Bay.

Großer Wert wird auf die Beachtung und Umsetzung der FENG SHUI-Prinzipien vor allem bei der Anlage und Ausgestaltung der Empfangsbereiche, Konferenzräume und Ruhezonen moderner Bürogebäude gelegt, weil durch Studien nachgewiesen wurde, dass hierdurch das Wohlbefinden und damit die Leistungsbereitschaft, d.h. die Arbeitsergebnisse der Angestellten und sonstigen Mitarbeiter deutlich gesteigert werden kann und dort sinkt, wo dies nicht der Fall ist.

Was also ist Daoismus?

Eine zufriedenstellende Antwort auf diese Frage zu geben, fällt noch immer schwer. Auf das DAO trifft nach den taoistischen »Gründervätern« Laozi und Zhuangzi zwar der Satz des Philosophen Ludwig Wittgenstein »Worüber man nicht sprechen kann, darüber muss man schweigen«[15] zu. Aber es ist sicher vertretbar, die wesentlichen Elemente der daoistischen Lehre wie folgt zusammenzufassen:

DAO ist der in der Natur angelegte Prozess, durch den alle Dinge und Phänomene (»zehntausend Dinge«) sich selbst erzeugen und erhalten. Es ist Anfang und Ende zugleich, so wie ein Kreis keinen Anfang und kein Ende hat. DAO ist daher nicht die letzte Ursache im Sinne einer höheren Macht oder eines göttlichen Wesens, die (oder das) den Lauf der Welt bestimmt, sondern dieser Lauf selbst ist, in den der Mensch nicht eingreifen soll, um die Balance der kosmischen Kräfte nicht zu stören.

YIN und YANG sind die Pole dieses unaufhörlichen, alles erfassenden und alles durchdringenden Prozesses von Werden und Vergehen, wie er sich in dem Wechsel der Jahreszeiten, von Tag und Nacht und von Leben und

15 Ludwig Wittgenstein: Tractatus logico-philosophicus, Abschnitt 7. Siehe auch im Vorwort: »Was sich überhaupt sagen läßt, läßt sich klar sagen; und wovon man nicht reden kann, darüber muß man schweigen.«

Tod zeigt. Die Polarität ist nicht als ein Gegensatz zu begreifen, sondern als energetisch-dynamisches Wirkprinzip, dessen treibende Kraft als QI bezeichnet wird.

Von der Beachtung des QI und des Zusammenwirkens von YIN und YANG in allen Lebensbereichen hängt die innere wie äußere Harmonie und damit das Gelingen des Lebens ab. Indem man damit aufhört, die »zehntausend Dinge« isoliert voneinander zu analysieren, zu bewerten und gegeneinander auszuspielen, kann man sich von den Hindernissen befreien, die der Entwicklung zu einem freien, buchstäblich »über den Dingen schwebenden« Bewusstsein entgegenstehen: Der Abhängigkeit von vorgefassten Meinungen und Vorurteilen, der Abhängigkeit von Egoismus und Starrsinn, sowie der Abhängigkeit von Anerkennung und dem Beifall Anderer.

Der Daoismus lehrt den Umgang mit dieser Einsicht auf der persönlichen Ebene, den Respekt vor der Natur und den Verzicht auf das Streben nach Macht und Überlegenheit. Das setzt voraus, dass man die Unterordnung unter starre, autoritäre Strukturen vermeidet und versucht, die Spontaneität und Flexibilität, die jedem Menschen von Natur aus zu eigen ist, bis ans Lebensende zu bewahren. So wie das Wasser, das sich seinen Weg ins Tal von selbst sucht und auch die größten Hindernisse spielend überwindet, soll der Mensch die Dinge auf sich zukommen lassen und Hindernissen (negativen Tendenzen) möglichst ausweichen, statt in den Lauf der Dinge einzugreifen (WU WEI).

Die jahreszeitlichen Wandlungen des QI bewirken in der Natur alles Wachsen und Gedeihen, also das Lebendige. Der einzelne Mensch muss den Energiefluss, also das QI in seinem Körper und in seiner Umgebung beachten und Blockaden vermeiden bzw. auflösen. Wenn das QI stirbt, stirbt die Natur und mit ihr der Mensch. Der Pflege und Aufrechterhaltung des QI dienen neben einem Leben im Einklang mit der Natur bestimmte regelmäßige Übungen (QI GONG und TAI JI), aber auch die Beachtung der elementaren energetischen Konstellationen (FENG SHUI) beim Bauen und Einrichten von Häusern, Büros und Wohnungen.

Die Verwandlung des Selbst von der egozentrischen Ichform zur Nicht-Ichform durch »Verlieren« und »Vergessen«, d.h. die Aufgabe der Angewohnheit, alles nur aus der eigenen, gewohnten Perspektive zu sehen und zu beurteilen und stattdessen das Ego schrittweise durch Integration mit den »zehntausend Dingen« aufzulösen, ist der Weg des DAO. Wer der daoistischen Lehre folgt, d.h. im Hier und Jetzt lebt, sich selbst nicht zu wichtig nimmt, sondern als Teil eines größeren, komplexen Ganzen versteht, das in ständiger Bewegung ist, das Vergangene ebenso wie überzogene Erwartungen an die Zukunft loslässt und sich dem Fluss des Lebens lächelnd anvertraut, befindet sich schon auf diesem Weg.

Bedauerlicherweise ist das daoistische Erbe Chinas in seinem Ursprungsland weitgehend in Vergessenheit geraten. Es wäre wünschenswert, wenn der Wert der Toleranz und Zurückhaltung, Gelassenheit und Nichtintervention, Schutz der Natur und Harmonie als Lebensprinzip, d.h. die daoistische Lehre, in China wiederentdeckt und auch im Westen verstanden und propagiert werden würde. Immerhin ist für die von der Umweltzerstörung und vom scheinbar unaufhaltsamen Vormarsch der multinationalen Konzerne bedrohte Menschheit vielleicht die daoistische Überzeugung, dass in jeder Entwicklung zwangsläufig schon der Keim für eine Trendumkehr, d.h. eine Entwicklung in die entgegengesetzte Richtung, liegt, ein gewisser Trost.

Anmerkung des Verfassers zur Übersetzung:

Die nicht nur inhaltlich, sondern auch in sprachlicher Hinsicht teilweise schwer zu enträtselnden Werke von Laozi und Zhuangzi stellen jeden Übersetzer vor extreme Herausforderungen, wie sich an den zahllosen bekannten Übersetzungen ablesen lässt, die häufig sehr weit voneinander abweichen und ihrerseits oft schwer verständlich sind. Bei den vorliegenden Übersetzungen, in die nach Vergleich mit den chinesischen Originaltexten einzelne Passagen und Formulierungen aus vorbestehenden Übersetzungen in bearbeiteter Form eingeflossen sind, ging es – noch mehr als bei Übersetzungen moderner, fremdsprachiger Texte – um einen Kompromiss zwischen Werktreue und Lesbarkeit (Verständlichkeit). In dem Bestreben, die beiden wichtigsten, aber hierzulande kaum bekannten Werke des philosophischen Daoismus einem breiteren Publikum zugänglich zu machen, habe ich im Zweifel Letzterer den Vorzug gegeben.

Literaturverzeichnis

(Nur neuere deutschsprachige Literatur, inkl. Übersetzungen)

BAUER, Wolfgang, Geschichte der chin. Philosophie, Beck-Verlag, München, 2018

CHANG Chung-yuan, Tao, Zen und schöpferische Kraft, Diederichs Gelbe Reihe, München, 1995

CLEARY, Thomas, Die drei Schätze des Dao, Edition Steinrich, Frankfurt, 1996

EDDE, Gerard, Das Tao-Handbuch, Verlag Schneelöwe, Aitrang, 2006

FISCHER, Theo, Wu Wei, die Lebenskunst des Tao, Rowohlt-Verlag, Reinbeck, 2005

FISCHER, Theo, Lass dich vom Tao leben, Rowohlt-Verlag, Reinbek, 2002

FISCHER, Theo, Tao heißt leben, was andere träumen, Rowohlt-Verlag, Reinbek 2010

LINCK, Gudula, Yin und Yang, die Suche nach Ganzheit im chin. Denken, Beck-Verlag, München, 2000

MERTON, Thomas, Tschuang-Tse, der Mann des Tao, Goldmann-Verlag, München 2005

MOEGLING, Klaus, Tai Chi Chuan. Goldmann Verlag, 1988.

MÖLLER, Hans Georg, In der Mitte des Kreises, daoistisches Denken. Verlag der Weltreligionen 2010.

PAGE, Michael, Die Kraft des CHì, Einführung in die chin. Mystik und Philosophie, Sphinx Medien Verlag, Basel, 1990

Schwarz, Ernst, Laodse Daodedsching, Reclam-Verlag, Stuttgart, 1990

Robinet, Isabelle, Geschichte des Taoismus, Diederichs Gelbe Reihe, München, 1995

Thesing, Josef/Awe, Thomas (Hrsg.), Dao in China und im Westen, Bouvier-Verlag, Bonn, 1999

van Ess, Hans, Der Daoismus von Laozi bis heute, C.H.Beck-Verlag, München, 2011

Waley, Arthur, Lebensweisheit im alten China, Suhrkamp-Verlag, Frankfurt, 1974

Watts, Alan, Das Tao der Philosophie, Theseus-Verlag, Berlin, 2003

Watts, Alan, Der Lauf des Wassers, Knaur-Verlag, München, 2011

Wohlfahrt, Günter, Zhuangzi, Meister der Spiritualität, Herder-Verlag, Freiburg, 2002